ARMORIAL

DE LA

FRANCE

ARMORIAL

DE LA

FRANCE

PAR

L. DE MAGNY

Directeur des Archives de la Noblesse
et du Collége héraldique de la France.

ANNÉE 1875.

PARIS

AUX ARCHIVES DE LA NOBLESSE,

46, RUE LAFFITTE.

ARMORIAL
DE LA
FRANCE

DE BREMOND D'ARS

Cette ancienne maison de chevalerie, connue en Angoumois et en Périgord depuis Guillaume DE BREMOND, Seigneur de Palluaud, vivant à la fin du X° siècle, s'est divisée en un grand nombre de Branches répandues en Saintonge, Aunis, Poitou et Touraine, dont les droits de possession féodale s'étendirent sur plus de 250 fiefs ou paroisses. — Léon de Beaumont, Évêque de Saintes, a écrit l'histoire de Bremond en 1708, et elle fut continuée en 1779, par le R. P. Loys (ouvrage manuscrit). Un abrégé de cet important travail vient d'être publié récemment. (L. OLLIÈRE, *1 vol. in-8, Jonzac, 1874*).

Cinq branches subsistent encore de nos jours; les trois premières ont été formées par les trois fils de Pierre-René-Auguste, Marquis DE BREMOND D'ARS, Baron de Saint-Fort-sur-Né, d'Orlac, de Dompierre-sur-Charente, etc., Député de la noblesse de Saintonge aux États-Généraux en 1789.

1

PREMIERE BRANCHE:

Josias, Marquis DE BREMOND D'ARS, mort en 1870, laissant d'Adélaïde DE BIGOT DE BAULON, Mme DUMORISSON, la Comtesse DE CLOSMADEUC et trois fils:

1° Guillaume, Marquis DE BREMOND D'ARS, Général de Division. Grand Officier de la Légion d'honneur, etc; marié en 1848 à Mlle Laure DE SAINT-BRICE, dont: Jeanne et Thérèze, veuve de Jules DES AZARS; et un fils, Guillaume-Josias-René, Sous-Lieutenant de cavalerie.

2° Pierre-Marie-Edmond DE BREMOND D'ARS, ancien Chef d'Escadrons, Chevalier de la Légion d'honneur, marié en 1852 à Mlle Rose-Raymonde-Louise COMPAGNON DE THÉZAC, dont: Charles-Josias-Pierre.

3° Josias-Amable DE BREMOND D'ARS.

DEUXIÈME BRANCHE:

Théophile-Charles, Comte DE BREMOND D'ARS, Baron de Dompierre, Chevalier de Saint-Louis, Commandeur de la Légion d'honneur, Général de brigade, ancien Inspecteur de cavalerie, marié à Mlle Claire DE GUITARD DE LA BORIE, dont:

1° Anatole-Marie-Joseph, Vicomte DE BREMOND D'ARS, Marquis de Migré (comme aîné de la 2° branche), ancien Sous-Préfet, Chevalier de la Légion d'honneur, marié en 1862, à Mlle Elisabeth AUSAUD, dont:

A. Josias-Marie-Joseph-Théophile-Pierre DE BREMOND D'ARS,

B. Anatole-Anne-Marie-Joseph-Alon-Josias-Hélie DE BREMOND D'ARS.

2° Gaston-Josias DE BREMOND D'ARS, Chef d'Escadrons de Dragons, Chevalier de la Légion d'honneur, marié en 1866 à Mlle Alexandrine DE LUR-SALUCES, dont trois enfants: François, Henri, Sidonie.

3° Marie-Renée DE BREMOND D'ARS, mariée à Stanis... DE BADERON-THEZAN, Marquis de SAINT-GENIEZ.

4° Elisabeth DE BREMOND D'ARS.

TROISIÈME BRANCHE:

Jules-Alexis, Vicomte DE BREMOND D'ARS, Baron de Saint-Fort-sur-Né, marié à Mlle Mélanie DE SARTRE DE VÉNÉRAND. Il est mort en 1858, laissant de son mariage:

1° Charles-René-Marie, Vicomte DE BREMOND D'ARS, marié en 1870 à Mlle Louise DE GOULLARD D'ARSAY;

2° Théophile-Jean-Louis DE BREMOND D'ARS.

3° Eusèbe-François DE BREMOND D'ARS, marié en 1854 à Mlle Isabelle DE MONGIS, dont trois enfants: Guy, Jean et Berthe.

4° Isaure, veuve de Louis, Marquis DE GOULLARD D'ARSAY.

QUATRIÉME BRANCHE :

Formée par les enfants de Gustave, Comte DE BREMOND, Marquis du Masgelier, en Limousin, et de Dame Anne-Thaïs D'ABZAC.

1° Pierre-Louis, Comte DE BREMOND, marié en 1846, à M⁰ᵉ Hortense-Amabelle DE BERMONDET DE CROMIÈRES.

2° Ferdinand-Hyacinthe, marié en 1817 à M¹¹ᵉ Anne-Bonne-Eugénie D'OIRON, dont : Enguerrand, Amaury, Fernand, Edith et Pauline.

3° Séraphin-Michel-Etienne DE BREMOND.

4° Elisabeth, mariée à Isidore, Comte DU RIEU.

CINQUIÈME BRANCHE :

Des anciens Seigneurs de Céré et de Vernoux-sur-Boutonne, representée par :

Apolline DE BREMOND, veuve d'Auguste DU CHESNE DE VAUVERT, et sœur de feu Adolphe, Marquis DE BREMOND, Officier de la Garde royale, Chevalier de Saint-Louis, mort en 1870, sans enfants de M¹¹ᵉ Aurélie de PONT-JARNO

Et par sa nièce : Henriette DE BREMOND, fille de feu le Vicomte Arthur-Pierre-Claude DE BREMOND et de Louise-Claudine-Eugénie-Delphine DE PANISSE.

Armes : *d'azur, à l'aigle éployée d'or, au vol abaissé, languée de gueules.* — Couronne : *de Marquis.* — Tenants : *Deux anges vêtus de dalmatiques fleurdelisées.* — Devises : *In Fortuna virtutem.* — *Nobilitas est virtus.* — Cimier : *Couronne antique.*

LE MOINE

Ancienne famille originaire du Calaisis en Basse-Picardie, qui s'est fixée au Bailliage d'Amiens, d'où une de ses branches est allée s'établir à Roissy, dans l'Ile de France. Elle a possédé les fiefs de Blangermont, des Essarts, de Wateblairie, de Vaulx, de Marle, de Gouy et autres lieux. Par jugement des 9 novembre 1668 et 22 décembre 1698, elle a été maintenue dans sa noblesse, par l'Intendant de la généralité d'Amiens. Jehan LE MOINE, Écuyer, Seigneur de Breuil, rendit foi et hommage au Duc de Bourgogne, Comte de Flandres et d'Artois, le 8 janvier 1385.

La branche de Roissy a pour représentants :

1° Hector-Napoléon LE MOINE, propriétaire à Roissy, né en 1839, marié le 24 octobre 1863, à demoiselle Virginie CHONET.

2° Jules-Hector LE MOINE (son neveu), né le 26 août 1850.

Armes : *D'azur, à une bande d'or, chargée de trois croisettes de gueules.* — *L'Écu timbré d'un casque orné de ses lambrequins.* — Supports : *Deux lions.*

BARDOULAT DE LA SALVANIE

Ancienne famille de la province du Limousin qui a fourni des Lieutenants-Généraux de Sénéchaussée, des Trésoriers, des Mousquetaires du Roi, etc., et qui s'est alliée aux : de Vincens, de Lagarde, de Sudre, de Trémoulet, de Chabrinhac, de Mongen, de St-Priest, de Chabannes, de Teyssier, de Lauthonnye, de Cosnac, etc.

Antoine DE LA SALVANIE, Écuyer, Seigneur de Puymége, vivait en 1473. — Jean DE LA SALVANIE, son descendant au Vᵉ degré, était conseiller du Roi et Lieutenant particulier à Tulle en 1642; il avait épousé noble demoiselle Lionne DE MONGEN, dont il ne laissa qu'une fille : Marie-Gabrielle-Thérèse DE LA SALVANIE, laquelle épousa, le 17 janvier 1654, noble Pierre DE BARDOULAT DE ROMAN, Seigneur de Plazanet; ce dernier fut substitué au nom et armes de sa femme. — Son descendant direct, Maxime DE BARDOULAT DE LA SALVANIE, né en 1831, et mort en 1868, avait épousé demoiselle Sylvie DE LENET dont il n'a eu qu'une fille : Marie DE LA SALVANIE, née en 1860.

Le chef de la branche cadette est : Jules BARDOULAT DE LA SALVANIE, marié en 1850, à demoiselle Hermine MAISONNEUVE DE LACOSTE, dont il a deux enfants :

1° Julie DE LA SALVANIE, née le 19 avril 1852;

2° Aymeric DE LA SALVANIE, né le 30 octobre 1855.

Armes : *Coupé : au 1 d'argent, à un chevron de gueules, surmonté de trois étoiles d'azur rangées en fasce, et accompagné en pointe d'une ancre de sable; au 2 d'argent, à un chêne de sinople, entortillé d'un serpent de gueules.* Couronne : *de Marquis.* — Supports : *deux lions.* — Devise : *Impavidus*

DE LA RÜE

Ancienne famille de la province de Bretagne dont le nom s'est écrit aussi DE LA RÜÉE et figure à la réformation de 1427 et 1513. Guillaume DE LA RÜÉE figure parmi les gentilshommes de la monstre d'Olivier de Clisson en 1380. — Alain, Chanoine de Nantes, fut Évêque de Léon en 1411. Le Père DE LA RÜE, fut Confesseur d'Henriette d'Angleterre. — Elle a possédé les fiefs de Lucemont, de Lorgerais, de la Héronnière, de Cohignac etc., et s'est alliée aux : Arnauld d'Andilly de Pomponne, de Béthune, de la Salle, Elie de Beaumont etc.

Représentants actuels :

1° François-Adolphe DE LA RÜE DE COHIGNAC, ancien Inspecteur des Forêts, Chevalier des Ordres de la Légion d'honneur, des S.S. Maurice et Lazare, de Charles III, Commandeur de l'Ordre du Christ, Officier de l'ordre du Medjidié, etc.

2° Berthe-Marie-Antoinette-Adélaïde DE LA RÜE, mariée à Prosper-Ernest DU VERGIER DE HAURANNE, Chevalier de la Légion d'honneur, Député du Cher.

Armes : *de gueules, à trois feuilles de ruë d'argent, (alias trèfles), rangées 2 et 1.*

DE LIÈGE DE JONCIÈRES

Famille originaire de Lorraine, qui est venue s'établir à Crespy-en-Valois, vers l'année 1630. — Elle a fourni à l'État un grand nombre d'officiers d'Infanterie et de Cavalerie, un Chevalier du Christ et plusieurs Chevaliers de Saint-Louis. Le premier auteur de la filiation est : Thierry DE LIÈGE, Écuyer, né en 1579 ; son petit-fils François DE LIÈGE, Écuyer, Seigneur de Joncières, servit le roi d'abord dans la compagnie des cadets Gentilshommes, puis comme Lieutenant de Cavalerie ; il est mort à Lodi, dans le Milanais, en 1702. Cette maison s'est alliée aux : Le Vaillant, d'Estaing, de Runnevalle, d'Arly, de Bérenger, du Boullay, Le Philipponat, Jobert, Le Roy etc., et elle a pour représentant actuel :

Pierre-Octave de Liège de Joncières, marié en 1830 à Mlle Adélaïde
Dessain, dont il a eu :

1° Henri de Joncières,
2° Paul de Joncières,
3° Virginie, 4° Élisabeth, 5° Eulalie de Joncières.

Armes : *d'argent, à une face d'azur, chargée de trois roses d'argent et
surmontée d'un chevron de gueules.* — *Couronne : de Comte.* — *supports :
Deux lions.*

GUYOMART DE PRÉAUDET

Cette famille compte parmi les plus distinguées de la province de
Bretagne, d'où elle passa aux colonies sous le règne de Louis XV. —
Au nombre des alliances qu'elle a contractées, nous citerons celles : de la

Palice, de Kernechriou, de Maniquet, d'Estoupan de
Laval, Grillot de Poilly, de la Gonnivière de Beau-
vrigny, etc. — Elle produisit ses titres de noblesse
en 1669, et prouva sept degrés de filiation noble
devant les commissaires royaux délégués sur le fait
de la recherche de noblesse. — Jean Guyomart,
Écuyer, vivait en l'année 1440, et comparut dans
une montre et revue du 15 mars de ladite année. —
Son descendant direct : Christophe-Nicolas-Guyomart
de Préaudet, né à Quimper en 1715, partit pour
l'île de France (Île Maurice), où il devint Major de place. Son fils, Jean-
Baptiste, a épousé en 1795 Mlle Louise-Jeanne Grillot de Poilly. La
dernière héritière de cette maison, éteinte en 1802, Marie-Élisa Guyomart
de Préaudet, a épousé en 1828, Prosper-Stanislas Desdemaines-Hugon,
propriétaire à l'île Maurice, et issu d'une ancienne famille de Bretagne.

Représentants actuels :

1° Louis-Armand-Ernest Desdemaines-Hugon, né le 22 novembre 1835.
2° Louis-Prosper-Édouard Desdemaines-Hugon, né au mois de
mars 1838 ;

Armes : *de gueules, au chevron d'argent, accompagné de trois coquilles en
chef, et en pointe d'une rose, le tout d'argent.* — *Couronne : de Comte.* —
Supports : deux griffons.

DE CARMEJANE

Ancienne maison originaire de la province de Guyenne et Gascogne, qui est allée s'établir dans le Comtat Venaissin à la fin du XVᵉ siècle. — Artefeuil, dans son *Histoire héroïque et universelle de la noblesse de Provence*, parle de cette maison à propos de la reconstruction de l'église paroissiale de Minerbes. — Jehan DE CARMEJANE, Écuyer, vivait en 1552, c'est lui qui a formé le premier degré de la filiation. — Ses descendants, qui ont occupé depuis trois siècles des positions honorables au consulat d'Avignon, dans le clergé, dans l'armée etc., se sont alliés aux maisons: de Balbo, des Laurents, de Fourneyron, de Belli de Roaïx, de Bouchard, de Mérindol de Vaux, de Folard, d'Antoine de Pierredon, Imbert de Ferre, de Revel de Vese, Martin de Boudard, de Blacas-Carros etc.

Représentants actuels :

1° Alexis-Henri-Marie-Paul, Baron DE CARMEJANE-PIERREPONT, chef d'Escadrons d'artillerie, Chevalier de la Légion d'honneur, marié en 1855 à Mˡˡᵉ Marie-Joséphine DE REVEL DE VESE, dont deux fils.

2° Albin-Charles-Marie DE CARMEJANE, marié 1° à Marie-Claudine-Jenny DE BLACAS-CARROS, et 2° à Marie-Henriette-Fortunée D'ANSELME-VENASQUE.

3° Augustine-Marie-Charles-Joseph DE CARMEJANE, religieuse.

4° Charles-Alexis-Edouard DE CARMEJANE-VILLARGÈLE, Juge à Carpentras.

5° Charles-Bernard DE CARMEJANE.

Armes : *Écartelé : au 1, palé d'argent et d'azur de six pièces, au chef d'or, (qui est* DE REVEL.*) ; au 2, de gueules, à une épée haute d'argent posée en pal ; au 3, de gueules, au lion d'argent tenant une grenade de sable allumée d'argent ; au 4, d'or, à la bande d'azur, chargé de 3 étoiles d'argent (qui est* DE PIERREDON*) ; et sur le tout, d'or, au chevron de gueules, accompagné de trois flammes de même, au chef d'azur, chargé de trois étoiles d'argent, (qui est* DE CARMEJANE *ancien).*

DES NOUHES

L'origine de cette maison se perd dans la nuit des temps suivant *Dom Fonteneau* savant bénédictin; Le Père Anselme, La Chesnaye des Bois, Benjamin Fillon, mentionnent aussi son ancienneté. Elle a formé six branches, savoir celles: de la Tabarière, du Pally, de la Normandelière, de Robineau, de Loucherie, de la Cacaudière qui ont possédé la haute baronnie de Saint-Hermine, celles de la Lande, de Chantonnay, de Puybéliard, de Sigournais, et plus de cent fiefs ou seigneuries. — Parmi les personnages marquants de cette famille nous citerons N. DES NOUHES, qui accompagna le roi Saint-Louis, à la terre sainte en 1248; Guillaume DES NOUHES, Lieutenant-général d'Anjou, en 1309; Jehan DES NOUHES, Chevalier de Malte en 1520 et Jacob DES NOUHES, Page du Grand-Maître de l'Ordre, puis Chevalier. — Anne DE MONNAY, en l'absence de son mari Jacques DES NOUHES, eut l'insigne honneur de recevoir le Roi Louis XIII, dans son château de Sainte-Hermine. — François DES NOUHES, sieur de la Tabarière, Lieutenant-Général des armées du roi en 1599, et Philippe DES NOUHES, aussi Lieutenant-Général, tué au siège de Bois-le-Duc en 1629; Gabriel DES NOUHES, décoré du collier de St-Michel, pour ses hauts faits d'armes, en 1651.

Représentants actuels:

1° Louis-Eugène DES NOUHES, marié à Amicie DE MOULINS-ROCHEFORT, sans postérité;

2° Paul-Frédéric DES NOUHES, marié à Éléonore PERREAU DE VELAUDIN, dont deux filles;

3° Alexis-Artur DES NOUHES, marié à Valentine DE BEJARRY, dont un fils: Arthur-Alexis, marié à Aliette PANTIN DE LANDEMONT,

4° Armand DES NOUHES, marié à Eugénie FEREY DE ROZENGAT, dont quatre enfants.

Armes: *de gueules, à une fleur de lis d'or.* — Couronne: *de Comte:* — Supports: *deux levriers blancs colletés d'or.* — Devise: *Armis protegam.*

DE JOEST

Très-ancienne famille d'Allemagne, dont on constate l'existence dès l'an 1453, dans la guerre contre les Turcs. Elle s'est alliée aux Camphausen, dont un membre est actuellement Vice-Président du conseil supérieur d'Allemagne et aux Ducs de Cadogne d'Avignon.

Charles-Whilhelm Etreino se distingua par son courage à tel point qu'on lui donna le surnom de Joest (Jo Est). *Vive ce qui est!* comme cri de guerre et nom de ralliement. — Le titre de Baron héréditaire fut accordé à l'ainé de la famille.

Chef actuel : Edmond-Whilhelm, Baron de Joest, né en France, bien connu dans le monde par sa philantropie, ses différentes fondations utiles et ses divers ouvrages.

Armes : *Écartelé, aux 1 et 4, d'azur, à une étoile d'argent; aux 2 et 3, de sable à un lion d'or.* — Couronne : *de Baron, surmontée d'une étoile au milieu d'un vol.* Supports : *deux griffons.* — Devise : *Quod vis potes.*

DE SANZILLON

Ancienne maison originaire de l'Orléanais, d'où elle est allée s'établir en Limousin, au commencement du XII° siècle.

Raymond de Sanzillon, figure dans une charte de donation faite au monastère de Bénévent, en Limousin, en 1130. — Evrard de Sanzillon, Chevalier, assista à la troisième croisade. — La noblesse d'extraction de cette maison fut amplement prouvée lors des preuves de cour que fit Madame la Marquis de Sanzillon de la Chabasserie, en 1784. Elle s'est alliée aux : de Veyrac, de Royère, de Ranconnet, de Montferrant, de Fayard, de Chantemerle, de Géris, de Chancel, de Salleton, de Chabans, de la Rochefoucauld, Roux de Campagnac de Lamberlie, de Hautefort, de Cur-

1°

mont, de Méritens, de Capal de Saint-Jory, etc., et s'est divisée en quatre branches, dont une subsiste encore.

Elle a pour représentants :

1° Louis-Daniel-Adhémar, Marquis DE SANZILLON DE MENSIGNAC.

2° Catherine-Yolande DE SANZILLON DE MENSIGNAC, née en 1834, mariée en 1857, à René Comte DE ROMEN.

3° Victoire-Aurélie DE SANZILLON DE MENSIGNAC, née en 1837, qui a épousé en 1872, M. le Baron Eugène-Hermann-Emmanuel DE MÉRITENS.

Armes : *D'azur, à trois merlettes d'argent, posées 2 et 1.* — Couronne : *de Marquis.* — Supports : *deux lions.*

DE MÉRITENS

Très-ancienne maison de la province du Béarn dont le nom s'est écrit aussi : MÉRITAIN, MÉRITEIN et MÉRITENT, et qui a possédé les fiefs de Villeneuve, de Montagut, de Rozés, de Malvézie, de Belbèze, d'Arros, de Castillon, de Belloc, de Marignac, etc.

Guillaume-Garsias DE MÉRITENS, vivait en 1004 ; il est dénommé dans une charte de ladite année qui règle un différend entre les religieux de St-Pierre en Béarn. Guillaume, II° du nom, Chevalier, Seigneur de Méritens, rendit hommage au Comte de Béarn le 5 des Ides de mai 1286 ; il est le premier auteur de la filiation.

Ses descendants ont formé six branches :

1° Celle des Seigneurs de Montagut, éteinte ;
2° Celle des Seigneurs de Villeneuve, encore existante ;
3° Celle des Barons de Rozés, éteinte ;
4° Celle des Barons de Malvézie ;
5° Celle de Sauveterre, éteinte ;
6° Enfin celle de Pradals, existante.

Le dernier représentant de la branche DE PRADALS, réside à St-Gaudens, et n'a que des filles.

La branche des Comtes DE VILLENEUVE a pour représentants actuels :

1° Le Comte DE MÉRITENS DE VILLENEUVE, résidant au château des Espas (Ariège).

2° Auguste-Louis-Urbain, Baron DE MÉRITENS, Vicomte DE VILLE-
NEUVE, né en 1831, Chevalier des Ordres de Malte et des S.S. Maurice
et Lazare ;

3° Eugène-Hermann-Emmanuel, Baron DE MÉRITENS, né en 1835,
marié eu 1872, à Victoire-Aurélie DE SANZILLON.

Armes : *D'argent, au pin de sinople, terrassé du même, et un levrier de
gueules, accolé d'or, passant sur le fût de l'arbre.* — Couronne : *de Baron.*

VILLEROY

Cette famille établie en l'Ile de France, en Lorraine et en Champagne,
porte le nom d'un fief situé près de *Void* (Evêché de Toul) et dépendant du
bailliage de Chaumont-en-Bassigny.

Ytier DE VILLEROY, obtint des lettres de rémission en 1356. — Jehan VILLEROY, était archer des
Ordonnances du Roi François Ier. — *Dumont*, dans
son histoire de Commercy, Tome II, page 188,
mentionne : Guillaume, Nicolas, Clément et Do-
mange VILLEROY, frères, tous cités dans le dénombrement du fief de Mesnil-la-Horgue, en 1580. —
Jean VILLEROY, Écuyer, était Garde-du-Corps du Roi
en 1641. Antoine VILLEROY, était Lieutenant de la
mairie de Commercy, puis Mayeur de la Ville en 1687. — Roch DE VILLEROY,
après avoir servi en qualité de Cornette dans le régiment de cavalerie de
Comminges, fut Major du château de Commercy, pour le Duc de Lorraine,
en 1726. — Cette famille dont les armes ont été enregistrées à l'Armorial
Général de 1696, établi par d'Hozier, Juge d'armes de France, a pour
représentants :

1° Henry VILLEROY, marié le 4 septembre 1857, à Emma DE MATHELIN,
dont cinq enfants.

2° Alfred VILLEROY, marié le 20 avril 1842, à Amélie LE MASSON, dont:

    A. Ernest VILLEROY, marié en 1872, à Gabrielle ONOFRIO ;

    B. Maurice VILLEROY, Officier de cavalerie;

    C. Marie VILLEROY ;

    D. Eugène VILLEROY.

Armes : *d'argent, à trois fusées d'azur, rangées en fasce, chargées chacune
d'une croix recroisettée au pied fiché d'or.* — Couronne : *de Comte.* —
Supports : *deux griffons.*

DE COMMINGES

Maison d'ancienne chevalerie qui tire son nom d'un pays situé aux pieds des Pyrénées et qui eut, dès le IX° siècle, ses Comtes souverains héréditaires.

Le premier *comte* connu d'une manière certaine dans les chartes est: ARÉMES, vivant en l'an 900, dont la postérité masculine a formé deux branches: l'aîné s'éteignit en 1375, et le comté DE COMMINGES fit retour à la couronne en 1498. — La *branche cadette*, des comtes DE PEGUILHAN, forma plusieurs rameaux dont un seul, celui des Barons DE SAINT-LARY, s'est perpétué jusqu'à nos jours.

Représentants actuels :

1° Bernard-Marie-Elie, Comte DE COMMINGES, Baron de Saint-Lary.
2° Louis-Ferdinand, Vicomte DE COMMINGES.

Armes : *de gueules, à quatre otelles d'argent posées en sautoir.* — Supports : *deux griffons d'or.* — Couronne : *de comte.* — Devise : *En Amendant.*

DE MONCORPS

Maison d'ancienne chevalerie originaire du Bourbonnais, qui a possédé les fiefs de : Beauvais, les Bruères, Chéry, Coulangeron, Levis, Le Chesnoy. Elle a produit un Gouverneur de la ville de Saint-Malo, en 1380.

Charles DE MONCORPS, était gentilhomme ordinaire du Roi en 1487, et Jacques DE MONCORPS en 1530. Jean-Baptiste-Lazare-René DE MONCORPS, fut Député de la noblesse du bailliage d'Auxerre aux Etats-Généraux en 1789.

Elle a contracté des alliances avec les maisons : de Langeac, de Givors, de Montreuil, de Sauvage, d'Assigny, de Gaillon, etc.

Par décrets du 22 décembre 1866 et du 18 juillet 1868, les petits-fils du représentant actuel ont été autorisés à porter son nom et son titre.

Chef actuel :

Antoine René-Hippolyte Comte DE MONCORPS, ancien officier de la Garde royale, Chevalier de la Légion d'honneur, ancien membre du Conseil général de la Nièvre, qui a épousé M⁰ᵉ Louise-Hyacinthe DU VERNE DE MARANCY, dont il a eu deux filles, l'aînée :

Emma DE MONCORPS, mariée à Charles DE SAVIGNY, ancien officier de cavalerie, dont :

A. Charles, comte DE SAVIGNY DE MONCORPS, Chevalier de la Légion d'honneur, Membre du Conseil général de la Nièvre, marié en 1871, à M⁰ᵉ Marielle PÉLISSIER DE FÉLIGONDE.

B. René DE SAVIGNY DE MONCORPS, Chevalier de la Légion d'honneur, ancien Officier de cavalerie, ancien Chef de Bataillon des mobiles de la Nièvre.

C. Henry DE SAVIGNY DE MONCORPS, marié à Mˡˡᵉ Marie-Louise DU VERNE ; il est mort en 1872, ayant eu de son alliance :

AA. Louis DE SAVIGNY DE MONCORPS.

BB. Antoine DE SAVIGNY DE MONCORPS.

Armes : *D'argent, à sept mouchetures d'hermines posées 3, 3 et 1.* — Couronne : *de Comte.* — Supports : *deux lions d'or, armés et lampassés de gueules.*

PAGART D'HERMANSART

Originaire de la province d'Artois, cette famille a fourni plusieurs Échevins à la ville de Sᵗ-Omer, et un Lieutenant général de la Sénéchaussée du Boulonnais, et elle a possédé les fiefs du Buis, d'Affringues, d'Autingues, de la Brique d'or, de la Conchy, d'Alenbon, d'Hermansart, etc. Elle s'est alliée aux maisons : de Blonde, de Laurétan, Hanus de Sᵗ-Eusèbe, Hobacq de Belleterre, de Cassel, de Hautefeuille, du Choquel, de Hordre, de Lattre-Laurin, de Guelque, de Hannon, Ximenès, de Léon, Guilluy de la Brique d'or, Guillard de Blairville, Lenglart d'Affringes, Mollien de Belleterre, etc.

Représentants actuels :

1° Gaspard-Joseph-Eurèbe Pagart d'Hermansart, Chevalier de la Légion d'honneur, Directeur des domaines à Arras, lequel a épousé demoiselle Emilie Gaddeblé de Laurétan, dont :

A. Emile-Jules-Gaspard Pagart d'Hermansart.

2° Jules Pagart d'Hermansart, Conseiller à la Cour de Douai.

Armes : d'azur, à trois bandes d'or, et un chef d'argent, chargé d'une tête de cerf, coupée de sable posée de profil. — L'écu timbré d'un casque orné de ses lambrequins. — Cimier : une tête de cerf de profil.

PETITJEAN DE MARANSANGE

Originaire du Bourbonnais, cette famille s'est fixée en Berry au commencement du XVᵉ siècle. — Pierre Petitjean, était Garde du scel de la chancellerie de Jaligny en 1378. — Pierre Petitjean d'Auzy, Écuyer, Seigneur du Lac, près les Maragny-Nonains, vivait en 1455, et a épousé demoiselle Isabeau de La Creuse. — Guillaume Petitjean, l'un des six élus et gouverneur, pour le Duc de Berry, de la ville de Bourges en 1402, est le premier auteur de la branche du Berry. — Antoine Petitjean, Écuyer, Seigneur de Maransange, son descendant, rendit en 1721, foi et hommage pour ledit fief à la Comtesse de Château-meillant.

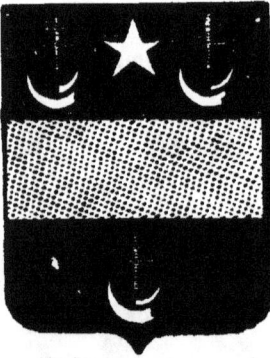

Chef actuel :

Edouard Petitjean de Maransange, marié en 1848 à Mᵐᵉ Angéline Rapin du Plaix, dont il a eu :

1° Jeanne-Rachel Petitjean de Maransange ;

2° Armand-Henri Petitjean de Maransange.

Armes : d'azur, à une fasce d'or, accompagnée de trois croissants d'argent, surmontés chacun d'une croix de Lorraine d'or, et une étoile d'argent en chef. — L'Écu timbré d'un casque orné de ses lambrequins.

VAN ZELLER D'OOSTHOVE

Ancienne famille dont les armes se trouvent sur une des portes de la ville de Nimègue ; elle habitait autrefois la Prusse et a eu pour auteur : Régnier VAN ZELLER, Maréchal de la cour d'Arnold, Duc de Gueldres ; lui et son frère Jean, Chevalier, ont été députés pour traiter de la paix au nom du Duc, avec Adolphe, Prince de Clèves, en 1429 (Pont-anus, page : 422.) — Arnould VAN ZELLER, était Bourguemestre de la ville de Nimègue, en 1580. — Cette famille quitta les Pay-Bas pour ne pas embrasser la religion réformée ; Roland DE ZELLER, II° du nom, chef de la famille à cette époque, vint s'établir à Lille ; il refit sa fortune dans le commerce et obtint des lettres de réhabilitation de noblesse, le 20 janvier 1702.

Cette famille dont une branche est fixée en Portugal, est représentée en France par : Henri-Arnould, Comte VAN ZELLER D'OOSTHOVE, marié à M¹¹ᵉ Marie-Louise-Noémi DE LENCQUESAING, dont il a :

A. Roger-Alphonse-Guillain-Marie, né en 1861.

Armes : *D'argent, à 3 merlettes de sable, 2 et 1, et une étoile de gueules en abime.*

DE BAILLARDEL DE LA REINTY

Famille anoblie au mois de Juillet de l'année 1779, en la personne des sieurs Désiré-Hilaire BAILLARDEL DE LA REINTY (sic), Pierre-Magloire BAILLARDEL DE LA REINTY et dame Hilaire-Désirée BAILLARDEL DE LA REINTY, épouse de Jean-Baptiste DU BUQ, Lieutenant des vaisseaux du Roi, tous trois natifs de la paroisse de Saint-Laurent du Lamentin, (Ile Martinique), enfants de feu Désiré-Magloire BAILLARDEL DE LA REINTY, Chevalier de Saint-Louis, Commandant de la milice de la Martinique et de dame Louise-Élisabeth DE PREY.

Chef actuel :

Le Baron DE LAREINTY, délégué de la Martinique, membre du Conseil général de la Seine-Inférieure, Officier de la Légion-d'honneur, propriétaire du château de Blain.

Armes : *d'azur, à un cheval ailé d'argent, accompagné en chef de deux épées du même, passées en sautoir, et en pointe d'une fourmi d'or.* — Devise : *Labor improbus omnia vincit.*

DES HAULLES

Famille de la province de Normandie maintenue en l'élection de Conches le 6 juillet 1666, et dont le premier personnage connu est : Jean DES HAULLES, Seigneur de Grandvilliers en 1814, marié à Louise DE BIGARS. Pierre

DES HAULLES, Seigneur du dit lieu, Sergent fiefé dans la forêt de Brotonne, vivait en 1463. — Louis DES HAULLES, 30ᵉ Abbé de l'abbaye de Bernay, en 1499, embellit l'église de son couvent de peintures et d'ornements de toutes sortes et assista aux Échiquiers de Normandie en 1502, 1503 et 1505.

Marguerin DES HAULLES, Seigneur de Grandvilliers, vivait en 1553. — Nicolas DES HAULLES, Seigneur dudit lieu, était Archer de la Garde du Roi en 1567.

— Jean-Laurent DES HAULLES, Seigneur de la Rue et du Bourjojo, était Gouverneur de la Citadelle de Valenciennes et Chevalier de Saint-Louis; depuis 1725 jusqu'en 1757, il fit toutes les campagnes, fut blessé plusieurs fois et reçut une pension du roi le 15 février de la dite année.

Outre le fief des Haulles, elle a possédé ceux de Grandvilliers, d'Orvaux, de la Chapelière, de la Rue et de Bourjojo; elle s'est alliée aux : du Val de Baumontel, de Bigars, du Quesnay, de Flambart, de Pommereul, de la Croix, de Chaulieu, de Postel, de Courcy, d'Avignon, de Siresme etc.

Représentants actuels :

1° Alexandre-Optat DES HAULLES, né le 4 juin 1824, célibataire.

2° Alfred-Alexandre DES HAULLES, né le 30 août 1829, célibataire.

3° Clémence-Louise DES HAULLES, mariée le 16 décembre 1845 à Charles DE SIRESME.

Armes : *d'argent, au chevron d'azur, accompagné de trois lionceaux de gueules.*

DE LA CROIX

Cette famille noble d'ancienne extraction, occupe un rang distingué dans la noblesse de Normandie où elle a été maintenue plusieurs fois en 1463, 1599 et 1668, et par jugement du tribunal civil de Lisieux, du 10 mars 1874 ; elle remonte à Guillaume DE LA CROIX vivant en 1322. — L'abbé et les religieuses de S¹-Pierre-sur-Dives, prirent l'engagement, en 1384, de fournir à Guillaume DE LA CROIX, II du nom, et à Agnès SOREL, sa femme, sa nourriture, le coucher etc., par suite d'une donation de 110 livres tournois en or.

La filiation établie sur titres originaux commence à : Jean DE LA CROIX, Écuyer, Seigneur des Jardues, vivant en 1463 (Recherche de Montfaut.)

Son descendant direct au XII⁰ degré, actuellement chef de nom et d'armes est :

Léopold-Achille DE LA CROIX, né en 1828, Ex-Commandant des mobiles du 15⁰ régiment de marche à l'armée de la Loire (en 1870). Il a épousé le 23 février 1852, M¹¹⁰ Victoire-Adelina SIOURET DE FOURNEAUX, dont il a les quatre enfants ci-après :

1° Marie-Gabrielle DE LA CROIX, née à Orbec le 21 Juin 1853.
2° Eugène-Léopold DE LA CROIX, né le 23 juillet 1855.
3° Charles-Emile DE LA CROIX, né le 20 octobre 1857.
4° Philippe-Jean-François DE LA CROIX, né le 1ᵉʳ mai 1865.

Armes : d'azur, à trois cœurs d'or posés 2 et 1. — Couronne : de Marquis. — Supports : deux lions.

LE MAIRE DE MONTIFAULT

Famille originaire de la province du Gâtinais, qui s'est divisée en plusieurs branches savoir celles: de Briou, de Varennes, de Charmoy, de Longuevaux etc. Elle a été maintenue dans sa noblesse en 1669, et a possédé les fiefs et seigneuries de la Bussière, de Courtigy, la Rougerie, la Rivière, de Montifault, Saint-Phalle, de Chaingy, de Beaumont, de Beauregard, d'Applaincourt, des Tremblarts, etc. — ALLIANCES : de Turgis, de l'Enfernat, de Thianges, du Refuge, de Mauléon, de Machault, de Beauharnais, d'Amphernet, de Lahaut.

Cette famille est représentée par Victor-François-Marie LE MAIRE DE MONTIFAULT, marié en 1829 à demoiselle Joséphine-Jeanne DE LAHAUT, dont il a eu :

    1° Joseph-Antoine-Victor LE MAIRE DE MONTIFAULT, né en 1832 ;

    2° Jean-Charles-Edouard LE MAIRE DE MONTIFAULT, né en 1834 ;

    3° Sophie-Lydie LE MAIRE DE MONTIFAULT, mariée en 1861, au Baron Henri-Michel-Marie D'AMPHERNET ;

    4° Paul-Arthur LE MAIRE DE MONTIFAULT, né le 21 décembre 1848.

Armes : d'or au lion de sable, armé et lampassé de gueules, tenant entre ses pattes un écusson d'azur. — Couronne : de Baron. — Devise : Monter toujours il fault.

GRIMAUD DE CHAUME

Très-ancienne famille du Dauphiné qui a eu pour premier auteur : François DE GRIMAUD, surnommé Béesgue, Châtelain delphinal de Theys, la Pierre et Domine ; il passa en Italie en 1387, sous la bannière du duc de Touraine, marchant au secours des Florentins, contre Galéas Visconti, de Milan. — Antoine, son fils et Jacques DE GRIMAUD son neveu, assistèrent à la bataille d'Azincourt en 1415. — Pierre DE GRIMAUD, Écuyer, fut déclaré noble d'ancienne extraction par jugement du 10 mars 1611 (Chazé et de Sève), Antoine, son fils, fut reçu chevalier de Malte en 1648. — Une branche de cette famille passée en Poitou vers 1700, a produit Gaspard-Naulin GRIMAUD, Grand Prieur du Roi, Docteur en théologie à St-Sulpice et Chevalier de Saint-Louis en l'année 1750.

Représentants actuels :

    1° Paul GRIMAUD DE CHAUME.

    2° Marcel GRIMAUD DE CHAUME.

    3° Henri GRIMAUD DE CHAUME.

    4° Blanche GRIMAUD DE CHAUME.

Armes : d'azur, à trois têtes de chameau d'or, clarinées d'argent. — L'Ecu timbré d'un casque de Chevalier orné de ses lambrequins.

DE LA POËZE

Très ancienne maison de la province d'Anjou dont le nom s'est écrit *de la Poyza* (au XIe siècle), *de la Poyeze, de la Pouëze* et enfin *de la Poëze.* — Bouchard, et Gozlin DE LA POYZA son fils, firent la cession, pour la somme de mille sous d'or, de l'église et des dîmes de Brain sur l'Anthion, à l'abbaye de S'-Serge d'Angers, en 1085. Gozlin, seigneur de Chillon, vivait en 1132; Jacques, seigneur de Bison, vivait en 1218; enfin Charles DE LA POYEZE figure dans une charte de 1320. — Pierre DE LA POËZE s'illustra pendant les guerres de la Ligue, sous le commandement de Guy de Daillon. — Parmenas de la Poëze était Gentilhomme ordinaire de la Chambre du Roi Henri IV, et chevalier de ses ordres. — Cette maison s'est alliée aux : de La Rivière, de Charette, de Mauclerc, de Jousseaume de la Bretesche, de la Chevière, du Bois des Cours, de Buor, de la ville de Férolles, de la Rochelambert etc.

Représentants actuels :

A. Henri, Comte DE LA POËZE, né en 1842 ;

B. Olivier, Comte DE LA POËZE, oncle du précédent, né en 1821, ancien Député, ancien Chambellan de l'Empereur Napoléon III, marié à Mlle Françoise-Laurence-Staouély DE LA ROCHELAMBERT, dame du Palais de l'Impératrice.

Armes: d'argent, à trois bandes de sable. — *Couronne: de Comte.* — Supports: *deux chevaux d'hermines.* — Devise: *Auxilium ad Alta*

DE BOURROUSSE DE LAFFORE

Cette maison porte le nom du fief de LA FORE ou LAFFORE, en Agenais, depuis l'année 1509. Elle a été maintenue dans sa noblesse le 30 juin 1712 devant M. de Sérilly, intendant en Navarre, Béarn et généralité d'Auch. — Parmi ses alliances nous citerons celles qu'elle a contractées avec les : de Faudoas, de Saint-Gery, de Narbonne, de Lomagne, de Durat, de Bégué, de Vidal, de Castaing, Malartic de la Garde, Besse de Bouhebent, de Jarnac, etc.

La famille est aujourd'hui partagée en trois branches, dont les représentants sont : pour la première branche :

1° Pierre-Jules DE BOURROUSSE DE LAFORRE, marié le 14 janvier 1857 avec Marie-Louise PONS.

2° Pierre-Louis DE BOURROUSSE DE LAFORRE, né à Agen le 29 avril 1814.

Pour la seconde branche :

Jean-Joseph-Fortuné DE BOURROUSSE DE LAFORRE, né en 1811, marié en secondes noces à Saint-Livrade (en Agenais) à demoiselle Isaure-Anne ROCHE dont :

Jacques-Joseph-Louis Saint-Germain, né le 8 décembre 1853.

Et pour la troisième branche :

Jean-Jacquelin-Timoléon-Burrhus-Lara-Saint-Maurice d'Artigues DE BOURROUSSE DE LAFORRE, né à Agen, le 17 septembre 1830.

Armes : Écartelé : aux 1 et 4, de sinople, au léopard d'or ; au 2, contre-écartelé d'azur, à la croix d'or, et d'azur, à trois fleurs de lys d'or, qui est DE FAUDOAS ; au 3, de gueules plein, qui est de NARBONNE-LARA.

DE LA ROCHELAMBERT

Maison, d'ancienne chevalerie, qui tire son nom d'un château sis sur un roc, aux confins de l'Auvergne et du Velay. — Pierre DE LA ROCHELAMBERT,

1ᵉʳ du nom, Chevalier est le premier cité dans les chartes (1164). — Roger, DE LA ROCHELAMBERT, Chevalier Croisé, accompagna le roi Saint-Louis, en terre Sainte (1248).

Charles DE LA ROCHELAMBERT, Chevalier, Seigneur du lieu, son descendant direct, servit comme Maréchal des logis du ban et arrière-ban de la noblesse d'Auvergne, en 1586. — La famille a possédé les fiefs de la Rochelambert, de Marcillat, de Mirande, du Fieu, d'Orsonnette, de Vinzelle, de la Valette, de Thevalles, de Boulay, d'Aubigné, de Sourches etc ; elle a produit des Capitaines des Ordonnances du roi, des Colonels et Mestres de camp, plusieurs Chanoines Comtes de Brioude, des Chevaliers de Malte, des Pages de la grande Écurie du Roi etc.

Elle s'est alliée aux maisons : de Mazenc, de Sens, de Bonne, de Fay, de la Chassaigne, de Gaste, de Lestranges, de Choisinet, du Croc, de Salers.

de Colomb, de la Tour, de Fleurance, de Dreux-Brézé, Corbeau de Vaulserre, de Moré de Pontgibaud, d'Anterroche, de Bonvoust, de la Poëze etc.

Cette maison divisée en trois branches, est représentée l'aînée par :

Marie-Auguste-Aimé Marquis DE LA ROCHELAMBERT, Commandeur et Chevalier de divers Ordres, ancien Secrétaire d'Ambassade, Trésorier payeur Général du Loiret, marié en 1868, à D^lle Hélène-Blanche-Antoinette POUYER-QUERTIER.

La seconde par le marquis DE LA ROCHELAMBERT-MONTFORT, à Esternay (Marne).

Et la troisième par Joseph DE LA ROCHELAMBERT, Commandant au 3e Régiment de tirailleurs Algériens.

Armes : *d'argent, au chevron d'azur, au chef de gueules.* — Couronne : *de Marquis.* — Supports : *deux Sauvages.* — Devise : *Vale medios.*

DOULLÉ

Famille noble de la province de Normandie dont le nom s'est écrit indistinctement DOULLÉ et DOULLEY, laquelle fut maintenue en l'élection de Neufchâtel, par jugement du 23 février 1667. — Le premier auteur connu est Aubery DOULLÉ, qui vivait en 1459. Antoine, son fils a épousé, en 1503, noble demoiselle DE HALLECOURT. — Ses descendants ont été Seigneurs de Neufville, de Fréfosses, du Moulin d'Ysenauville. — L'histoire des Chevaliers de Malte par l'abbé Vertot, cite François DOULLEY DE NEUVILLE, reçu Chevalier en 1585 et Jacques DOULLÉ, Seigneur d'Ysenauville en 1613. — Celle du Parlement de Rouen, cite Nicolas DOULLEY, Conseiller au Parlement de Normandie en 1631. Noble Jean-Baptiste DOULLÉ, Ecuyer, Seigneur du Fossé, paroisse de Tilleul, Election de Montreuil, fut maintenu également dans sa noblesse au mois d'Avril 1668. Son oncle Jacques, Seigneur d'Ysenauville, fut reçu Chevalier de Malte en 1613.

Chef actuel :

Sénateur-Henri DOULLÉ, ancien Capitaine au long cours, né le 24 juillet 1809, marié le 21 août 1850, à D^lle Eugénie BEZIAT dont un fils : Daniel-Adolphe-Philippe DOULLÉ, né le 2 septembre 1851.

Armes : *d'azur, à trois oignons de lis d'or posés 2 et 1.* — L'Ecu chargé d'un casque orné de ses lambrequins.

DE BALEIX

Ancienne famille de la province du Béarn qui tire son nom du village de ce nom. — En 1141, Jean DE BALEIX, chevalier, servit de caution à Guy de Loos, Évêque de Lescar, avec deux autres Chevaliers. Jean DE BALEIX, IIe du nom, figure dans un dénombrement de l'année 1375. — Jean DE BALEIX, abbé laïque d'Igon, figure dans un acte du 1er mars 1675. — Pau DE BALEIX, Écuyer et Pierre DE BALEIX, prêtre, son frère vivaient noblement en 1642. — Ce Pau DE BALEIX a épousé Jeanne d'ARCDY et ses descendants se sont alliés aux : d'Agnette, de Naury, de Laborde, de Baleuse, de Capdevieille, etc.

Chef actuel :

Alexandre-Justin DE BALEIX, né à Aire. (Landes), en 1833, non marié.

Armes : *d'or, à trois arbres de sinople, celui du milieu surmonté d'une colombe accostée de deux abeilles, le tout de gueules. — L'écu timbré d'un casque de chevalier orné de ses lambrequins.*

PARENT DE LANNOY

Maison originaire d'Auvergne qui s'est divisée en deux branches dont une passa en Italie avec Charles VI de 1380 à 1422, et l'autre alla se fixer en Normandie.

Noble homme Robert PARENT, Écuyer, était Bailli de Dieppe et Échanson du Roi en 1437. — Guillaume PARENT, sieur de la Fournaise, fut Garde des sceaux royaux en la Vicomté de Valognes, en 1588.

François PARENT, II du nom, sieur de Lannoy, fut maintenu dans sa noblesse par jugement en date du 11 août 1697 ; une copie de ce jugement fut produite à d'Hozier, Juge d'armes de France, lors des preuves faites en 1756, par un des membres de la famille pour entrer dans la petite écurie du Roi.

Chef actuel :

Louis-Félix PARENT DE LANNOY, ancien Garde du corps du roi Charles X.
marié le 25 octobre 1842, à Mlle Louise-Marie-Félicité HÉBERT DE MORVILLE,
dont :

> 1° Louis-Léonce PARENT DE LANNOY, né le 18 juillet 1846 ;
>
> 2° Jacques-Raymond PARENT DE LANNOY, né le 28 novembre 1846.

Armes : de gueules, à deux bâtons d'or écotés posés en sautoir, accompagnés en chef d'un croissant d'argent et de trois étoiles d'or, posées 2 en flanc, et une en pointe. — L'Écu timbré d'un casque orné de ses lambrequins.
Supports : Deux levriers colletés de gueules.

DE MOTTET DE LA FONTAINE

Ancienne famille originaire de la Provence, où elle a occupé un rang
distingué parmi la noblesse, et d'où elle a passé en l'Ile de France. — Elle a
possédé les fiefs de Molières, de la Motte, de Ribécourt, de la Fontaine, etc., et plusieurs de ses membres
ont été Barons fieffés de la célèbre abbaye de St-
Corneille, en l'Ile de France.

Jean MOTTET, Varlet du duc d'Orléans, vivant
en 1397, est dénommé dans des lettres de rémission
qui lui furent accordées par le roi Charles V. — Jean
MOTTET, alias MOTET, était Conseiller du roi René
en 1430. — Ses descendants se sont alliés aux maisons : de Grille, de Gras, de Guibert, de Pontevez,
d'Aymini, de Raoulx, de Robin de Barbentane, de la Motte, Coustant
d'Yanville, de Champlieux, de Fécamp, de Solminihac, de Labrousse, de
Rambaud, Russel, de Waren, etc., et ont formé deux branches principales :
l'aînée s'est éteinte en Provence. La cadette, fixée en l'Ile de France, a produit
des conseillers secrétaires du roi, des officiers de tous grades, un Commissaire des colonies, des gardes du corps, etc.

Elle a pour représentants actuels :

> 1° Édouard-Laurence-Prosper MOTTET DE LA FONTAINE, Ancien Garde
> du Corps de Louis XVIII, et ses deux fils :
>
> A. Édouard-Adolphe MOTTET DE LA FONTAINE.
>
> B. René-Paul MOTTET DE LA FONTAINE.

*Armes : d'argent, au chevron d'azur, accompagné en chef de deux roses de
gueules, tigées et feuillées de sinople, et en pointe d'une motte de sable ; et
un chef d'azur, chargé de trois étoiles d'or. — Couronne : de Comte.*

ROUGIER DE LAGANE

Ancienne famille de Bretagne qui a formé plusieurs branches, dont une dans l'Aunis. — L'histoire de Bretagne par *Dom Morice* (Tome II, Col. 1301-1313), relate parmi les gentilshommes qui prêtèrent serment au Duc Jean V, lors des troubles de la fin de son règne, J. DE LAGANE, O. DE LAGANE, ROUGIER, P. DE LAGANE.

Alliances : Simard de Pitray, d'Asques, de la Hogue, Mahé de la Bourdonnaye, du Coudray, Bussy de St-Romain, etc.

Chef actuel : Félix-Georges-Melchior ROUGIER DE LAGANE, à l'Ile Maurice.

Armes : *Écartelé : au 1, d'or à trois branches de rosier de sinople rangées en fasce ; au 2, d'azur, au lion d'or ; au 3, de sinople à trois épées d'argent, rangées en pal ; au 4, d'argent, à 3 étoiles d'azur, 2 et 1. — Couronne : de Comte. — Supports : deux lions de gueules. — Devise : La Gagne qui gagne.*

DE BIERDUMPFEL

Famille originaire de la Bavière. Le premier auteur connu est Jean DE BIERDUMPFEL, qui se distingua dans les guerres contre les Saxons en 1695, et auquel le titre de *Baron*, fut conféré à cette occasion. Un des membres de cette maison est venu se fixer en France vers l'année 1720, et son descendant direct :

Paul, Baron DE BIERDUMPFEL, est actuellement le seul représentant de sa famille.

Armes : *Écartelé ; au 1, de sinople, au lion naissant et contourné d'or, lampassé de gueules, tenant une faulx d'argent ; au 2, d'argent, à trois épis d'or en faisceaux ; au 3, de sable plein ; au 4, d'or plein. — L'écu timbré d'un casque de chevalier orné de ses lambrequins et sommé d'une couronne de baron. — Cimier : Un lion issant d'or. — Devise : Virtus et fidelitas.*

DE GELLINARD

L'origine de la famille GÉLINARD ou GELLINARD est fort ancienne, et le nom a été repris par un membre de la maison DE VARAIZE, l'une des plus considérables et des plus anciennes de la province du Poitou. La maison DE VARAIZE, dont un membre, par suite de conventions matrimoniales, a dû porter le nom de GÉLINARD et dont les descendants, rentrés en possession de la terre féodale de Varaize, ont été indistinctement connus sous le nom de GÉLINARD ou sous celui de VARAIZE, par l'effet de l'érection en Vicomté de ladite terre.

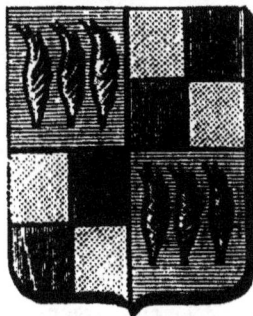

Jean GÉLINARD, issu de la maison de VARAIZE au XIVᵉ degré, était seigneur de Malaville et de Ballo; il fut attaché fort jeune à la maison d'Angoulême et devint successivement Maître des requêtes de la reine Marguerite, sœur du roi François Iᵉʳ. — Ses descendants ont formé plusieurs branches, se sont alliés aux familles : de Maugé, de Rémond, de Chabot, de Pontalier, de Pressac, de Crévant, Tison d'Argence, Guitton de Maulévrier, de la Rocheandry, Daviaud de Langlade, etc., et ont produit entr'autres personnages marquants : Marc-François DE GÉLINARD, Chevalier, Comte DE VARAIZE, Colonel du régiment d'Angoulême en 1696; un Lieutenant-Général pour le Roi en Saintonge, des Chevaliers de Malte, de Notre-Dame du Mont-Carmel et de Saint-Louis.

Armes : *Écartelé, aux 1 et 4, à trois palmes d'or; aux 2 et 3, d'or et de gueules.* — Couronne : *de Comte.* — Supports : *deux lions d'or, couronnés, armés, et lampassés de gueules.*

MAYOL DE LUPÉ

Ancienne famille originaire de Provence où elle était connue dès le XIIᵉ siècle, et qui s'est divisée en trois branches dont une seule subsiste encore dans le Forez, où elle s'est fixée en 1346. — Guillaume MAYOL, Chevalier, fut présent à l'acte passé en 1276, entre Alix, Comtesse des Baux et l'Archevêque d'Aix. — Bérenger MAYOL, Amiral de Pierre II, (en Catalogne) vivait en 1285. — Cette maison qui fut maintenue dans sa noblesse en 1667 et dont plusieurs membres assistèrent aux assemblées de la noblesse du Lyonnais et du Forez, en 1789, a pour représentants actuels :

1° Jacques-Joseph-Marie-Zéphirin Comte de MAYOL DE LUPÉ, ancien Colonel de Cavalerie et Chevalier de S¹-Louis, sans enfants.

2° Octave-Eugène-Marie Comte de MAYOL DE LUPÉ, marié à Valérie DE VALLETON.

3° Marie-Eugène-Henri, Vicomte de MAYOL DE LUPÉ, marié à Elisa CARACCIOLO des Ducs de GÉNIFALIO. (Naples).

Armes : *de sinople, à six pommes de pin d'or, posées 3, 2 et 1.* — Couronne : *de Comte.* — Cimier : *un lion issant d'or.* — Devise : *Deo et patriæ.*

MILA DE CABARIEU

Originaire d'Espagne, cette maison s'est établie au XVIᵉ siècle, en Guyenne et en Languedoc. Elle a produit, entre autres personnages marquants, un homme d'armes en 1574, un Capitaine en 1586, un Officier de la maison militaire du Roi en 1772 etc. — Bernard DE MILA, Conseiller du Roi au Présidial de Montauban, fit enregistrer ses armoiries à l'Armorial Général officiel de 1696. — Son fils ainé devint, par son mariage, possesseur du fief de Cabarieu et ses descendants ont continué d'en porter le nom. — Cette famille s'est alliée aux : Caumont de Beauvila, Lugaudy, Rater de Cabarieu, de Morlhon, de Bessey, Garrisson d'Estillac, Rey, Sar s de Salis, Guiot du Repaire, etc.

Représentants actuels :

1° Jean-Marc-Antoine-Almaïde-Henri MILA DE CABARIEU, ancien Préfet, Officier de la Légion d'honneur et officier de l'Instruction publique.

2° Jean-Daniel-Antoine-Frédéric MILA DE CABARIEU, Chevalier de la Légion d'honneur, distinction qui lui a été accordée pour avoir dirigé une ambulance à Paris, pendant le siége en 1870.

3° Anne-Daniel-Auguste MILA DE CABARIEU, ancien Officier de la Garde mobile en 1870.

Armes : *de sinople, à un rocher de trois coupeaux d'argent, surmonté d'un milan du même.*

AVRIL DE BUREY

Famille fort ancienne qui remonte à Jean D'AVRIL, Échevin de la ville d'Angers et Porte-manteau du Duc d'Anjou (plus tard Henri III, en 1570.) Elle a produit en outre un Auditeur des Comptes en 1617, quatre Conseillers au Parlement depuis 1640, et fut maintenue dans sa noblesse en 1669 et 1701. — La branche des Seigneurs de Burey s'est fixée au pays Chartrain, puis en Normandie vers 1710.

Représentants actuels :

Auguste-Léopold D'AVRIL, Comte DE BUREY, Officier de la Légion d'honneur, Chevalier de l'Ordre de Saint-Silvestre de Rome, né en 1812, qui a pour enfants:

1° Robert-Auguste-Louis D'AVRIL, Vicomte DE BUREY, né en 1846.

2° Jeanne-Marguerite D'AVRIL DE BUREY, mariée en 1874, à Jules-Marie-Eugène Vicomte DE CHADOT.

Armes : *d'argent, à un arbre de pin de sinople ; au chef d'azur, chargé de trois étoiles d'or.* — Couronne : *de Comte.* — Supports: *deux lions au naturel, armés et lampassés de gueules.* — Devise: *Semper Virens.*

DE LAMBERTYE

Maison noble d'ancienne Chevalerie, qui a toujours suivi la carrière des armes, et qui est connue de temps immémorial dans la province du Périgord, où elle a donné son nom à un fief et à un château considérable qui fut brûlé plusieurs fois, entr'autres par les Anglais, sous le règne de Charles VI. — Cette terre fut érigée en *Comté* par lettres patentes du 1er juin 1644, en faveur de Gabriel DE LAMBERTYE, Baron de Montbrun. — Une autre branche de cette maison est établie en Lorraine depuis deux siècles et y possède le *Marquisat* de Gerbeviller, et de Cons-la-Grandville.

Cette maison a produit: un Maréchal de Lorraine,

un Lieutenant-Général des armées du Roi, quatre Maréchaux de Camp, plusieurs Gouverneurs de places fortes, un grand nombre d'Officiers de tous grades etc. — Gabriel Comte DE LAMBERTYE, Baron de Montbrun, Chevalier de l'ordre du Roi en 1658, avait épousé Isabelle de ROCHECHOUART; son fils Jean, auteur de la branche établie en Lorraine, fut Gouverneur de Longwy, et épousa demoiselle Marguerite DE CUSTINE.

La famille est représentée aujourd'hui par :

1° Antoine-Philippe-Lucien, Marquis DE LAMBERTYE et de CONS-LA-GRANDVILLE, chef-actuel de cette maison ;

2° Marc-Jean-Baptiste-Achille, Comte DE LAMBERTYE, ancien Officier de cavalerie au service d'Autriche ;

3° Ernest, Comte DE LAMBERTYE, Marquis de Gerbeviller ;

4° Henry DE LAMBERTYE, Comte de Tancarville ;

5° Edmond DE LAMBERTYE, Comte de Romont ;

6° Gaston, Comte DE LAMBERTYE, de la Branche de Saint-Sornin.

Armes: *d'azur, à deux chevrons d'or.* — Couronne: *de Marquis.*

MARGERIN DE CRÉMONT

Ancienne famille originaire d'Irlande, venue en France vers l'année 1460. — Martin MARGERIN, vivant en 1495, était l'Agent principal et le Receveur général des abbés et religieux de la célèbre abbaye de Royaumont (Ordre de Cîteaux) près Luzarches. — Jean-Jacques MARGERIN, fils du précédent, vint se fixer à St-Quentin en 1498, eut une nombreuse postérité, qui a formé plusieurs branches établies à Noyon, Chauny, La Fère, Soissons, Avesnes etc, et elle a fourni des Échevins et Mayeurs, des Conseillers secrétaires du roi, des Lieutenants criminels etc.

Parmi les maisons distinguées auxquelles la famille DE MARGERIN s'est alliée, nous citerons les: de Burcourt, Dorigny, de Carligny, de Longlay, du Biest, Le Serrurier, de Cottin, de Chilly, Waubert de Genlis, de Lisleferme, Druon, de Langle de Beaumanoir et tout récemment avec celle de Morlot de Wengi.

Représentants actuels :

1° Charles-Jules-Alexandre MARGERIN, né en 1819, ancien Juge, célibataire.

2° Alexandre-Pierre MARGERIN DU METZ né en 1821, marié à demoiselle Mathilde MASSIET DU BIEST, dont trois enfants.

Représentants de la seconde branche :

Charles-Louis MARGERIN DE CRÉMONT, qui a repris en 1843, le nom
DE CRÉMONT, comme héritier de son grand-oncle. — Il a épousé en
1840, demoiselle Herminie-Louise DE LISLEFERME, dont il a deux fils
et une fille mariée en 1875 à M. Morlot de Wengi.

Armes : *d'or, au chêne arraché de sinople, englanté d'argent, accompagné
de trois croissants de gueules posées 2 et 1.* — Couronne : *de Comte.* —
Supports : *deux lions accroupis.* — Cimier : *Pélican dans son aire.* —
Devise : *Robore et Virtute.*

DE BARGHON

Famille originaire de la ville de Kœnistein, en Misnie, dont un membre
vint en France, à la suite de Gaspard de Schomberg, colonel des Allemands,
au service du roi.

Carl Franz DE BARGHON, Baron du Saint-Empire,
Exempt des reitres noirs de M. de Schomberg, acquit
le 12 mai 1632, la seigneurie des Grands-Vaulx-
sur-Allier et le fief des Chapelles, y attenant. —
Puz DE BARGHON, fils du précédent, seigneur des
Grandvaulx et des Chapelles, Gendarme de la garde
du Roi, habitant la paroisse de Villard, près Dun,
fut assigné le 2 juillet 1699, par devant M. Le
Vayer. Intendant de la généralité de Moulins, lors
de la recherche sur la noblesse, et fut maintenu. *(Registre de la généralité
de Moulins, manuscrit de la bibliothèque Richelieu.)*

Cette famille a fourni plusieurs gendarmes de la garde du Roi, dont un
fut blessé à Fontenoy. — M. DE BARGHON-MONTEIL, a été garde du corps du
roi Louis XVI.

Représentants actuels :

1° François DE BARGHON-FONT-RION, marié à demoiselle Charlotte
DE CORDAY DU RENOUARD dont deux filles.

2° Michel DE BARGHON DES CHAPELLES, célibataire.

Armes : *D'azur, au cygne d'argent, becqué et membré de sable ; au chef
de gueules, chargé de trois molettes d'or.*

GOUY

Cette famille originaire d'Auvergne, habitait la Province du Vivarais au XI° siècle, depuis elle réside dans le Velay, où elle a possédé les terres et seigneuries d'Orzilhac, dont une branche a pris le nom, et celle du Rival, dont le nom était porté par la branche cadette.
— Elle a fourni de nombreux Magistrats et des Consuls à la ville du Puy; elle s'est alliée aux : de Chabron de Solilhac, Genestet de Planhol, de La Rocque de Sévérac, de Ribier.
Représentants actuels :
1° Vincent-Hippolyte GOUY, ancien magistrat.
2° Claude-Marie-Florentin GOUY, propriétaire.
Armes : *Écartelé : aux 1 et 4, d'argent, à deux broyes d'azur, disposées en chevron, accompagnées en pointe d'un croissant du même; aux 2 et 3, d'azur, au lion d'or, lampassé de gueules.*

JORET DES CLOSIÈRES

Famille originaire de la Haute Normandie où elle était connue dès le XV° siècle. Jean JORET, poëte était Escripteur des Rois, Charles VII et Louis XI. Il est mort en 1503. — Ses descendants, qui figurent dans toutes les chartes avec la qualification d'Ecuyers, se sont alliés aux maisons : de Bezons, de Nettancourt, Cœuret de St-Georges, des Essarts, de Préfontaine, de Vaudichon de l'Isle, Botreau Roussel de Bonneterre, Barrot etc.
Représentants actuels :
1° Louis-Aymar JORET DE CLOSIÈNES, ancien Préfet, Chevalier de la Légion d'honneur, Officier de l'Université, Commandeur de Charles III d'Espagne, Officier de la Conception de Portugal, Chevalier de Léopold de Belgique, né à Bayeux le 6 décembre 1821, lequel a épousé le 28 avril 1862, Mlle Louise-Gabrielle-Thérèse BARROT, dont il a eu quatre enfants :

A. Louis-Odéon-Fernand JORET DES CLOSIÈRES, né le 7 juin 1864.

B. Aymar-Ferdinand-Raoul JORET DES CLOSIÈRES, né le 27 août 1868.

C. Louise-Jeanne-Gabrielle JORET DES CLOSIÈRES, née le 11 mars 1869.

D. Louis-Joseph-Bernad JORET DES CLOSIÈRES, né le septembre 1874.

2° Alexandre-René-Gabriel JORET DES CLOSIÈRES, Avocat, Membre du Conseil Général du Calvados, né le 15 juin 1828, marié à Mlle Louise ANTHOINE, dont :

A. Raoul-Louis-René JORET DES CLOSIÈRES, né le 20 août 1857.

Armes : *Coupé, au 1, d'azur, à trois étoiles d'or rangées en fasce ; au 2, d'argent, à trois têtes de lévriers de gueules, posées 2 et 1.* — Supports : *deux lévriers.* — *L'Écu timbré d'un casque orné de ses lambrequins.*

DE CHANALEILLES

Très ancienne maison d'origine chevaleresque qui a eu pour berceau le Gévaudan et le Vivarais où elle a possédé de temps immémorial la terre de ce nom. — La filiation de cette famille dont le nom s'est écrit dans les titres anciens : *Canalellis*, où *Canauellis* et *Channaleilhes*, et enfin *Chanaleilles*, remonte au XIIe siècle ; elle produisit ses titres plusieurs fois, notamment pour l'entrée aux États du Languedoc, pour les preuves de Malte, et enfin pour les honneurs de la Cour qui lui furent accordés en 1785.

Illustrations : Guillaume DE CHANALEILLES, Chevalier, croisé en 1096 ; autre Guillaume, Chevalier du Temple en 1153. — Bernard DE CHANALEILLES en 1270. — Bernard DE CHANALEILLES, Premier bailli d'épée du Velay, en 1307. — Jean-Claude DE CHANALEILLES, qui joua un rôle considérable en Auvergne et en Vivarais, soutenant la cause de Henri IV. Ce monarque lui écrivit plusieurs lettres conservées dans la famille.

Cette maison a formé deux branches principales qui ont pour représentants :

1° Sosthènes, Marquis DE CHANALEILLES, ancien Colonel de cavalerie, marié en 1832 à Marie-Victurnienne DE BALBES DE BERTON DE CRILLON.

2° Gustave-Adolphe, Comte DE CHANALEILLES, marié le 10 octobre 1853, à Marie-Louise-Napoléone DE LAS CASES.

3° Adolphe-Gustave Vicomte DE CHANALEILLES, Colonel d'infanterie, marié en 1850, à Blanche D'ANDLAU.

4° Louis-Etienne-Achille DE CHANALEILLES, Marquis de la Saumès, marié en 1844, à Claude-Françoise-Charlotte DE LABAUME, dont quatre enfants.

Armes : *d'or, à trois lévriers de sable, courant l'un sur l'autre, colletés d'argent.* — Couronne : *de Marquis.* — Supports : *deux anges.* — Devise : *Fideliter et Alacriter.*

LESCHEVIN DE PRÉVOISIN

Famille originaire de Picardie dont le nom primordial : LESQUEVIN s'est changé en LESCHEVIN ; la famille LESQUEVIN a été maintenue dans sa noblesse d'ancienne extraction par jugement de Monsieur de Bernage, Intendant de la généralité d'Amiens, en date du 30 janvier 1715. — Charles LESQUEVIN, Écuyer, Seigneur de Baconval, vivait en 1589. — La branche DE LESCHEVIN qui a fourni un Lieutenant-Colonel d'artillerie, Gouverneur de Montréal (Canada), un Écuyer de la Reine, trois contrôleurs généraux, une lectrice de la Reine, trois premiers Commis de la Maison du Roi, s'est divisée en deux rameaux, celui DE PRÉCOURT et celui DE PRÉVOISIN.

La branche DE PRÉVOISIN a pour représentants actuels :

1° Anatole LESCHEVIN DE PRÉVOISIN, Capitaine d'infanterie, Chevalier de la Légion d'honneur.

2° Paul-Ange-Marie-Christian LESCHEVIN DE PRÉVOISIN, Contrôleur des postes à Rennes.

Armes : *d'argent, au chevron d'azur, accompagné en chef d'un croissant accosté de deux étoiles, et en pointe d'un lion, le tout de gueules.* — *L'Ecu sommé d'un casque orné de ses lambrequins.*

DE SIRY

Famille originaire de la province de Bourgogne, où elle est connue dès l'année 1446, et où elle a possédé de nombreuses seigneuries. — Sa filiation remonte sur titres authentiques fournis, en 1765, au Généalogiste de l'Ordre de Malte, à François DE SIRY, qui avait épousé, le 22 janvier 1550, noble demoiselle Edmonde DE LA BEAUME ; son fils Jean épousa Charlotte D'ARLAY, dont il eut : Jean-François DE SIRY, Chevalier, Seigneur de Conches qui eut pour fils :

François-Hugues DE SIRY, Chevalier, Baron de Conches, Seigneur des Champs, de Noiseret, du Pasquier, de Vignolles, de Marigny, de St-Eusèbe et autres lieux, né à Autun le 15 mai 1679 ; il épousa à Paris, le 10 décembre 1709, noble demoiselle Jeanne-Françoise DURAND DE CHASILLY, fille d'un président en la chambre des Comptes de Bourgogne. Il fut pourvu, par Lettres du 23 mai 1718, de la charge de Président en la chambre des Comptes de Bourgogne et Bresse. Dans les lettres de provisions il est dit : « ayant mis en « considération les bonnes qualités qui se rencontrent en la personne de notre « cher et bien-aimé François-Hugues DE SIRY, son mérite, ses capacités, son « zèle, sa fidélité *aussi bien que ceux de ses ancêtres dans nos armées tant en* « *qualité d'hommes d'armes que de Capitaines de Chevaux et d'Infanterie,* « *d'Exempt des Gardes de notre Corps, et leur ancienne extraction,* » etc.

Par lettres patentes du 19 juillet 1731, il fut pourvu de l'office de Président en la seconde Chambre des Enquêtes du parlement de Paris. Il mourut en son château du Pasquier, près Beaune le 11 octobre 1749, laissant de son mariage deux filles et deux fils : Pierre-François DE SIRY, Marquis DE VIGNOLLES, Officier de Dragons et Chevalier de St-Louis ; Et Pierre-François DE SIRY DE MARIGNY, Chevalier, Seigneur des Champs, de Noiseret, etc., né à Paris le 22 avril 1716, marié le 3 juillet 1742 avec Olympe LOTTIN DE CHARNY, dernière du nom. Cette alliance fixa les DE SIRY en Beauvoisis, où, du chef de sa femme, Pierre-François devint Seigneur de Charny, d'Herculez, de la Neuville, Marquis de Savignies etc. ; d'abord Conseiller aux Enquêtes, il succéda à son père dans la charge de Président de Chambre et, mourut le 21 novembre 1776, laissant quatre filles : Marie-Olympe, mariée à Philippe GUEULLY, Comte DE RUMIGNY ; Marguerite-Olympe, mariée au Comte DE GUILLAUMANCHE, Comte DU BOSCAGE DU CHARNY ;

Françoise-Olympe-Denise, mariée à Bernard DE CAUPENNE, Vicomte d'Eschaux ; Olympe-Marguerite mariée au Comte DE BRETEUIL, et enfin un fils :

Hugues-Oudard-Isidore-François, Marquis DE SIRY ET DE SAVIGNIES, Baron de Conches, né le 6 mai 1741, Enseigne au régiment des Gardes françaises, a épousé le 29 mars 1775, Demoiselle Amicie-Louise-Thérèse DE GOUSSEN-COURT. Arrêté à l'époque de la Terreur, il fut enfermé avec ses quatre filles, puis relâché, et mourut à Menchy, le 22 juillet 1796, laissant :

1° Amicie-Louise-Isidore DE SIRY, mariée 1° le 19 décembre 1796, à Jean-Guillaume LEFÈVRE D'ERVILLÉ ; et 2° le 13 mai 1811, à Charles-Jean-Baptiste UBELESKY, dont : deux filles, Madame PRÉVOST DE SAINT-HILAIRE, et M°° la Baronne DORNIER.

2° Louise-Olympe-Françoise DE SIRY, mariée le 1er juin 1801, à Augustin LE FORESTIER D'HALLESCOURT, dont deux filles, Madame TRAVERS, Baronne DE BEAUVERT, et M°° DU MESNIL D'ARBENTIÈRES.

3° Marie-Rose-Geneviève DE SIRY, mariée le 9 mai 1812 à Adolphe-Edme-Théodore-Archambault REGNARD DES COUDRÉES, dont un fils.

4° Louise-Camille DE SIRY, morte célibataire.

Armes : *d'azur, à trois étoiles d'or, posées 2 et 1, au chef de sable.* — Couronne : *de Marquis.* — Supports : *deux Sirènes de carnation, celle de dextre tenant un miroir, celle de sénestre tenant une flèche.*

SENSAUD DE LAVAUD

Ancienne famille de la province du Limousin, où elle était connue dès le XIII° siècle, et où elle a possédé les fiefs de Saint-Junien, de Boisse, de Bonconort, du Roc, etc. Divers membres de cette famille ont combattu contre les Calvinistes, notamment Martial SENSAUD, qui du haut des remparts de Saint-Junien, en 1587, se prit corps à corps avec les premiers assaillants, et aidé de ses compagnons, les précipita dans les fossés de la ville. Jusqu'en 1731, cette maison a toujours fourni des Échevins.

Les représentants actuels sont au nombre de sept.

Armes : *D'argent, au chevron de gueules, accompagné de trois branches de laurier de sinople, 2 en chef et 1 en pointe.* — *L'Écu surmonté d'un casque de face, orné de ses lambrequins.*

DE LACGER

Très ancienne famille de la province du Languedoc, dont le nom s'est écrit indistinctement LATGER et LACGER ; elle y a possédé plusieurs fiefs nobles, dès le XIIIe siècle.

Cette maison s'est alliée aux : de Carles, de Coras, de Perrin, de Gavarret, de Dammartin, de Toulouse-Lautrec, Saint-Germier, de Netz, de Falguerolles, de Correch, d'Hérail de Castelnau d'Yéres, d'Ysarn, de Terson de Palleville, de Gervais, etc. Sa filiation commence authentiquement à Pierre de LACGER, Ecuyer, Seigneur de Lagène qui testa en l'année 1523.

Entr'autres personnages marquants que cette famille a produits, nous citerons Antoine DE LACGER, Conseiller Secrétaire du Roi au parlement de Toulouse, en 1556, puis Intendant de la province du Rouergue ; il fut une des victimes de la Saint-Barthélemy et massacré dans une des cours du Capitole à Toulouse, avec deux de ses confrères, Corus et Ferrières, en 1572. — Autre Antoine DE LACGER, en 1576 ; Jean DE LACGER, seigneur de Massugniés, aussi Conseiller au parlement, puis à la chambre de l'Edit de Castres. — Hercule DE LACGER, Seigneur de Massugniés et d'Ariffat, en 1621 ; enfin Jacques DE LACGER, en 1612. Ce dernier avait été attaché pendant quelque temps à la cour de Suède, comme Secrétaire Général des Commandements de la Reine Christine ; il fut chargé par cette princesse d'une Ambassade auprès de l'Empereur d'Allemagne.

Plusieurs autres membres de cette famille occupèrent des charges de Conseillers Secrétaires du roi à Paris. — Suivant les registres du parlement de Toulouse, les Annales de la Faille et de de Rozoy, elle a aussi occupé les premières charges aux Sénéchaussées de Castres et du Lauraguais. Elle a donné, dans les XVIe et XVIIIe siècles, des officiers distingués, dont onze dans le seul régiment d'Auvergne, entr'autres : Louis DE LACGER, Chevalier de Saint-Louis, Commandant de Bataillon, en 1731 ; François DE LACGER, Seigneur de Navey, Capitaine de Grenadiers et Chevalier de Saint-Louis en 1791, Commandant de Bataillon en 1705 et nommé Lieutenant-Colonel sur le champ de bataille de Cassano, le 16 août de ladite année, puis Brigadier des armées du roi, le 1er février 1719. — Jean-Jacques DE LACGER, Capitaine au régiment d'Auvergne en 1701, Chevalier de Saint-

Louis en 1715, Commandant de Bataillon en 1732, Lieutenant-Colonel en 1739 ; il commandait le régiment à la défense de Prague, en 1712. (*Journal historique du régiment d'Auvergne.* par M. de Roussel, et *État militaire de la France*).

La Famille DE LACGER, a été maintenue dans sa noblesse par jugement de M. de Bezons, en date du 15 janvier 1671 ; deux de ses membres s'établirent à Sisteron, vers l'année 1600 et formèrent une branche qui y était encore représentée en 1789. Elle est divisée aujourd'hui en deux branches.

L'aînée a pour chef :

Auguste DE LACGER-NAVEZ, dont le fils Gabriel, a épousé, en 1858, Mademoiselle DE TAUZIA DU LITTERIE dont :

    A.   Berthe DE LACGER-NAVEZ, née en 1860 ;

    B.   François-Joseph-Fernand DE LACGER-NAVEZ, né le 14 juillet 1861.

La branche Cadette a pour représentants :

    1° Charles DE LACGER, prêtre ;

    2° Hippolyte, Baron DE LACGER-BRASSAC.

Armes : *d'azur, au lion d'or, au chef de gueules chargé de trois besants d'argent.* — Couronne : *de Comte.* — Supports : *deux sauvages armés de leur massue.* — Devise : *A mon honneur.*

DE GOUY

Famille noble originaire de la ville de Tournay, qui a fourni plusieurs Officiers et plusieurs Magistrats distingués. — La filiation commence à Louis DE GOUY, qui vivait en 1575. Son petit-fils, Louis DE GOUY, né en 1622, fut inhumé en l'église de St-Pierre de Tournay. — Michel-Joseph DE GOUY, Chevalier, Seigneur de la Motte, vivait encore en 1700 et eut pour fils, Michel-Dominique-Joseph DE GOUY, Chevalier Seigneur d'Anseroeul, du Broquet et de Grand'Croix, qui vivait encore en 1789. — Michel-Joseph-Hubert DE GOUY D'ANSEROEUL, Lieutenant-Colonel au service des Pays-Bas, est mort en 1820. — Ses trois frères ont eu des descendants qui existent encore.

Armes : *Écartelé, aux 1 et 4, d'or, à la fleur de lis de gueules, au chef de sable, chargé de trois coquilles d'argent ; aux 2 et 3, d'azur, à trois cors de chasse d'or.*

DE SÉRÉ

Famille du pays de Foix, où elle est connue dès l'année 1550, époque à laquelle vivait Bertrand Séré, qui épousa le 22 avril 1572, noble damoiselle Marguerite de Belot. — Elle a produit : Guillelmine de Séré, fille des trois Ordres de S'-Dominique, morte en 1697; Raymond Séré, Avocat au Parlement et Trésorier du pays de Foix, et Jean Séré, Syndic général, qui tous deux firent enregistrer leurs armoiries à l'Armorial général, en 1696; Hyacinthe Séré, Curé de Garanou, en 1731, François Séré, enseveli en 1777, dans la chapelle de Notre-Dame de Varilhes; Pierre Séré, Consul, Intendant, chef de la confrérie de N.-D. de la Merci, à Varilhes; Martial Séré-Loubières, Capitaine des milices provinciales, sous les ordres de François d'Usson, Seigneur de Bonnac; un Député aux États-Généraux en 1789 et enfin Martial Séré-Loubières, ancien Maire.

Représentants actuels :

1° Jean-Siméon Séré, Maire de Loubières ;

2° Bernard-Hyppolite-Martial Séré, prêtre ;

3° Marie-Balbine Séré, religieuse au couvent de N.-D., à Pamiers ;

4° N. Séré, Docteur-Médecin, qui a une fille : Marie-Louise Séré.

Armes : d'azur, à une gerbe d'or. — L'écu timbré d'un casque orné de ses lambrequins.

BOUCHER DE MONTUEL

Ancienne famille de la province de Normandie, maintenue dans sa noblesse par jugement du 12 juillet 1667, en la généralité d'Alençon où elle possédait les fiefs de Boigirard et de Goyère.

Chef actuel :

M. Boucher de Montuel, résidant près de Verneuil (Eure.)

Armes : de gueules, à la bande d'argent chargée, de trois cloches de sinople, bataillées de sable.

MOUTON DE LACLOTTE

Cette famille remonte au commencement du XVIII° siècle, et de père en fils plusieurs de ses membres ont occupé des charges de Conseillers et de Présidents en la cour des Comptes, aides et finances de Montpellier. Elle a possédé les fiefs d'Assas, de St-Vincent et de Laclotte, sis près Montpellier, et s'est alliée aux maisons d'Isarn de Villefort, de Bonald, de Serres, de Berthezène, etc. Monsieur MOUTON FONTENILLE DE LACLOTTE, ancien professeur à la faculté des sciences de Lyon, est connu dans le monde savant par de nombreux et importants ouvrages scientifiques.

Représentant actuel :

Honoré MOUTON DE LACLOTTE, ancien employé à la Municipalité de Toulouse.

Armes : D'or, à un chêne de sinople, accosté d'un mouton saillant de sable.

DE VIGNAUX

Ancienne famille originaire du Languedoc, dont la noblesse remonte au XV° siècle, et à laquelle appartenait noble Pierre DE VIGNAUX, Capitoul de Toulouse en 1497. Sa filiation directe se continue en deux branches : l'aînée compte parmi ses membres plusieurs Capitouls dont l'un, Pierre, fut tué le 6 juin 1562, pendant les troubles qui agitèrent la Province du Languedoc. — Autre Pierre, aussi Capitoul, fut député par la ville de Toulouse en 1574, auprès du roi Henri III qui venait d'arriver à Lyon, pour lui prêter serment de fidélité, et plus tard député par les États du Languedoc pour accompagner le duc de Montmorency chez le roi de Navarre.

A l'exercice de la première magistrature de la Province, cette famille joignit l'illustration militaire ; après avoir donné des Capitouls, des Conseillers au parlement et au conseil du roi, elle fournit de vaillants officiers, Mestre de camp, Aide-major, Maréchal des logis de Mousquetaires, deux Chevaliers de Saint Louis etc. Enfin, on trouve plusieurs DE VIGNAUX dans les ordres: l'un d'eux Michel, était Chanoine de Dax, en 1789.

Cette maison a possédé plusieurs fiefs et seigneuries en Languedoc, entr'autres les seigneuries de Noueilles et de Menjon.

La branche cadette qui a succédé à l'aînée, éteinte vers le milieu du XVIIᵉ siècle, est aujourd'hui représentée par :

1° Bernard-Eugène DE VIGNAUX, né le 15 décembre 1835, membre de la Société des gens de Lettres, auteur de travaux historiques estimés. Il s'est marié en 1871 à demoiselle Clémence-Adèle GERARD.

2° Marie-Antoinette-Clarice DE VIGNAUX.

Armes : *Parti au 1ᵉʳ d'or, au cep de vigne arraché de sinople, fruité d'azur ; au 2, d'or, à la croix ancrée de sable.* — Supports : *un lion et un griffon.* — Devise : *Toujours droiture.*

DE CAMBEFORT

Cette maison, que l'on croit originaire d'Écosse ou d'Irlande, est venue en France vers le XIIᵉ siècle, et s'est établie dans la ville du Puy (en Velay). Pierre DE CAMBEFORT était premier Consul de cette ville, lorsque Saint-Louis, alla s'embarquer à Aigues-Mortes, en 1270 ; il eut l'honneur de recevoir et de loger le Roi qui, en reconnaissance de cette hospitalité, le fit Chevalier. Elle s'est divisée en quatre branches :

1° Celle des Seigneurs de Selves, de la Salle-Deyé, de Mazeyrac, de Niocel, de Mazie, etc., à Aurillac ;

2° Celle de la Mothe-Bezat, à Agen ; 3° Celle d'Ouradoux ; 4° Celle de Saint-Étienne.

Les divers membres de ces branches se sont alliés aux principales familles de France, parmi lesquelles nous citerons les : d'Humières, de Selves, de Toulouse-Lautrec, d'Ayrolles, de Servières, de Chaumel, de Veyre, de Talon, de Montméjean, de Fiennes, de Chazelles, de Sarrazin, de Tassin de Moncourt, de Varennes, Melon de Pradou, de Danjac, d'Omps, de Salle du Doux, Vigier de Campan etc.

Les représentants actuels sont :

1° Louis-Auguste DE CAMBEFORT, ancien Magistrat, Chevalier de la Légion d'Honneur, marié en 1831, à Marie-Rose-Félicité TASSIN DE MONCOURT, dont deux fils ;

2° Louis-François-Marie DE CAMBEFORT D'OURADOUX ;

3° Antoine DE CAMBEFORT, ancien Officier d'infanterie, Chevalier de la Légion d'honneur, marié, le 12 juin 1850, à Antoinette-Caroline-Irma RIVIÈRE, dont un fils et une fille.

Armes : *de gueules, au levrier d'argent rampant, colleté d'or, à la bordure crénelée d'or.* — Couronne : *de Marquis.* — Supports : *deux Levriers.* — Devise : *Musis et Armis.*

MORIN DE LA RIVIÈRE ET D'AUVERS

Cette maison peut être rangée parmi les plus anciennes et les plus distingués de la province de Normandie. — Son premier auteur connu est Colas MORIN, Ecuyer, vivant en 1230. Michel DE MORIN, Ecuyer Seigneur de Cauvigny, Conseiller en la cour des Aides de Normandie, épousa demoiselle Françoise DE SAINTE-MARIE D'EQUILLY, qui lui apporta la terre et le titre de Marquis D'AUVERS ; il eut de ce mariage deux fils, François et Louis, qui furent les auteurs des deux branches des Marquis DE LA RIVIÈRE et de Comtes D'AUVERS. — En outre de ces Seigneuries, cette maison a possédé les fiefs de Bertouville, de Cauvigny, de Ressencourt, de Pretot, de Bretteville, et s'est alliée aux : de Maillet, Chesnel de Pilleuse, de Tocqueville, Hue de Bougy, Humbert de Tonnoy, de Grosmenil etc.

La branche ainée a pour représentants actuels Achille-Georges-Charles MORIN, Marquis DE LA RIVIÈRE.

La branche cadette était représentée par : Henri-René MORIN, Comte D'AUVERS et Ferdinand-Hilaire, Vicomte D'AUVERS, reçu Chevalier de Malte, par bulles du 17 janvier 1814. — Le Comte D'AUVERS a épousé Mademoiselle DE GROSMENIL d'une des plus anciennes maison de Normandie (1), dont il n'a eu qu'une fille. Devenue veuve, Madame la Comtesse D'AUVERS s'est fixée à Rome, où elle réside.

Armes : *Ecartelé : aux 1 et 4, d'or, à la croix engrêlée de sable ; aux 2 et 3, d'argent, à deux fasces d'azur accompagnées de six merlettes de gueules, 3, 2 et 1.* — Couronne : *de Marquis.* — Supports : *deux griffons.* — Devise : *Fortis fidelisque simul.*

(1) La Famille DE GROSMENIL, très ancienne en Normandie, descend suivant divers auteurs, de l'antique maison des MALET, dont du reste elle porte les armes : *de gueules, à trois fermaux d'argent.*

BOUTILLIER DU RETAIL

Famille originaire de la Vendée, qui a possédé les fiefs du Retail et du Coin, et s'est alliée aux : de Lanot, Gaillard, de la Resnière du Pont etc : — Charles-Candide Boutillier du Retail, Conseiller, Secrétaire du roi, maison et couronne de France à Poitiers, en 1785, servit sous les ordres de Sapinaud, en Vendée, et fut tué à Chinon en 1794.

Représentants actuels :

1° Florent Boutillier du Retail, avocat à la Cour d'Appel de Poitiers, qui fut officier éclaireur de Cathelineau pendant les campagnes de 1870 et 1871.

2° Albert Boutillier du Retail, officier de mobiles en 1870, Juge au tribunal civil de Tours.

Armes : de gueules, à trois bouteilles d'argent, posées 2 et 1. — Couronne : de Marquis. — Devise : Ubi Lagena, ibi Lætitia

DE LA HAYE

Très ancienne famille originaire de la province de Champagne, qui a formé plusieurs branches établies en l'Ile de France et en Picardie. — Jean de la Haye figure dans un rôle d'hommes d'armes, en l'année 1395. — Louis de la Haye, son descendant, Ecuyer, Seigneur de Villers, fut l'un des gentilshommes de la chambre du Roi, en 1558. — Charles de la Haye, était Capitaine des chasses de Château-Thierry, lorsqu'il fit enregistrer ses armoiries à l'Armorial général officiel de 1696.

La branche de Picardie, dont les membres ont été Seigneurs de Molliens-le-Vidame et de la Cour-lès-Longueau, a fourni plusieurs Consuls et Echevins à la ville d'Amiens, entr'autres : Charles de la Haye, en 1706, et Charles-Nicolas de la Haye, en 1763; Nicolas de la Haye, Ecuyer, vivant en 1721, fut Conseiller du Roi et trésorier payeur alternatif triennal des gages des

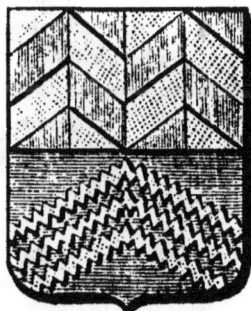

3°

officiers de la cour des aides : cusin Pierre-Marie DE LA HAYE, Écuyer, Seigneur de Molliens-le-Vidame, Pierre-Charles-Joseph DE LA HAYE, Louis-François DE LA HAYE, Chevalier, Seigneur de la Cour, ont figuré à l'Assemblée de la noblesse pour l'élection des Députés aux États généraux, en 1789.

Cette famille a pour représentants :

Antoine-Paul DE LA HAYE, né en 1831 ;

Louis-Henri-Arthur DE LA HAYE, né en 1811 ;

Marie-Jules-Gaston DE LA HAYE, né en 1846 ;

Charles-Marie-Frédéric DE LA HAYE, né en 1847 ;

Alexandre-Adolphe-Anatole DE LA HAYE, né en 1848.

Armes : *Coupé, au 1, parti de trois traits, chevronné et contre-chevronné d'or et de gueules de l'un en l'autre*, pour la branche aînée ; *au 2, d'azur, à trois chevrons dentelés d'or*, pour la branche cadette. — Couronne : *de Marquis.* — Supports : *deux lions.* — Devise : *En bon espoir.*

DE JOANNIS

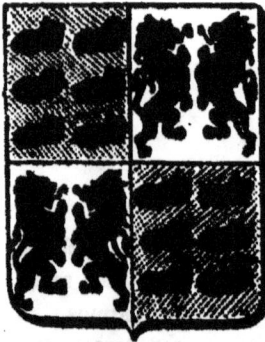

Maison originaire d'Italie, très connue à Florence sous le nom de GIOVANNI. Lors des troubles qui ensanglantèrent ce pays, ses membres vinrent s'établir dans le Comtat-Venaissin, en 1420 ; c'est à cette époque qu'ils changèrent leur nom en celui de JOANNIS. — Cette famille a fourni des Magistrats, un Président au Parlement, des Officiers de tous grades, des Chevaliers de Malte et de St-Louis. Léon JOANNIS, était, en 1449, premier Syndic de la noblesse du Comtat-Venaissin. — Pierre DE JOANNIS, Chevalier, acheta en 1610, la seigneurie de Verclos dépendant de la principauté d'Orange, et rendit aveu et hommage au Prince de Nassau. — Charles-Joseph DE JOANNIS, Marquis DE VERCLOS, fut nommé Viguier d'Avignon, par le Pape Innocent XI, en 1678. — Thomas DE JOANNIS était Capitaine au régiment de Belzunce, lorsqu'il épousa, en 1756, une princesse de la maison de Bavière.

Chef actuel :

César-Auguste DE JOANNIS, Marquis DE VERCLOS, ancien Député, marié à Mlle Charlotte-Adélaïde DE PERRIN DE VERTY.

Armes : *Écartelé : aux 1 et 4, d'or, à six pattes d'ours de sable, posées 2, 2 et 2 ; aux 2 et 3, d'argent, à deux lions de gueules affrontés.* — Couronne : *de Marquis.*

BOUQUIN DE LA SOUCHE

Il a existé dans l'Orléanais une famille Bouquin qui est très-ancienne dans cette Province, et y a formé plusieurs branches différentes. Elle a possédé les fiefs de la Motte Saint-Avy et d'Ouarch. C'est d'elle que paraît être issu M. Bouquin de la Souche. Ses armes sont : *D'or, à un olivier de sinople, fûté de sable.* — Devise : *Plus olei quam vini.*

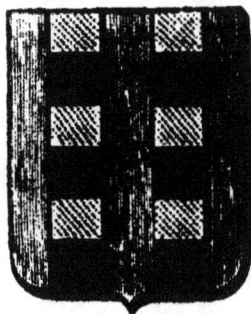

Il a existé en Provence, une autre famille Bouquin, qui a été anoblie par lettres du roi René, en date du 23 août 1172; ces lettres ont été octroyées à Bernard Bouquin, résidant à Marseille. Cette famille a pour armes :

Armes : *de gueules, à deux pals fascés d'or et de sable de six pièces.*

DE CASSAGNE

C'est à la fin du XI° siècle que cette ancienne famille apparaît dans la Province du Languedoc; Pons de Cassagne assista avec plusieurs autres chevaliers à une donation faite en 1077, par Foy, vicomtesse de Narbonne, aux abbayes de Cluny et de Moissac. — Eudes de Cassagne vivait en 1155; Jean de Cassagne était chevalier du Temple et commandeur de Nogarède, près Pamiers en 1301. — Jacques de Cassagne, III° du nom, était conseiller du roi, trésorier du domaine en la Sénéchaussée de Beaucaire et de Nîmes. Michel et Jacques de Cassagne, ses fils, furent maintenus dans leur noblesse d'ancienne extraction par jugement du 3 novembre 1670; ils furent tous deux maîtres des requêtes du duc d'Orléans, puis conseillers du roi.

Philippe de Cassagne, Écuyer, coseigneur de la Calmette, fit enregistrer ses armoiries à l'Armorial général de France, en 1696. — Enfin Jean-Baptiste Antoine de Cassagne, fut agrégé, par lettres patentes du 9 août 1847, ainsi que ses deux fils, à la noblesse héréditaire de Toscane, avec le titre de Comte.

Représentants actuels :

1° Antoine, Comte DE CASSAGNE, né le 10 mai 1810, Chevalier de l'Ordre du Christ et Commandeur de Charles III d'Espagne ;

2° Etienne DE CASSAGNE, né le 19 décembre 1813, marié en 1842, à demoiselle Elise PAYRE.

Armes : *de sable, à deux épées d'argent, passées en sautoir, et un chef d'argent, chargé d'une fleur de lis de gueules fleuronnée, accostée de deux croisettes du même.* — Couronne : *de Comte.* — Supports : *deux lions.* — Devise : *Jus a stirpe traho.*

DE BAUDE

Ancienne famille originaire de l'Evêché de Rennes, qui a possédé les terres et seigneuries de St-Père, du Val, de la Touche, du Plessis-Balisson, de Pontharouard, de Moutiers, de Bunnetat, la baronnie de Pont-l'Abbé, les marquisats de la Vieuville et de Chateauneuf. — Jannequin BAUDE est qualifié noble et puissant chevalier dans le testament de la princesse Jeanne d'Angleterre, femme de Jean IV, Duc de Bretagne en 1381. — Cette maison a produit beaucoup d'officiers distingués, entr'autres Etienne-Auguste BAUDE, Marquis DE LA VIEUVILLE, Lieutenant aux Gardes de sa Majesté, Colonel d'Infanterie, en 1750. — Michel BAUDE, Cadet de sa maison, alla se fixer à St-Servan, près St-Malo, vers 1525, et y fit le commerce maritime. Ses descendants obtinrent des titres de relief de noblesse, signées du Roi, à Compiègne, le 3 juillet 1750. — Gabriel-François BAUDE, sieur de Bunnetat, Avocat au Parlement, Sénéchal de plusieurs juridictions, Lieutenant du Marquisat de Chateauneuf, issu du précédent au VI° degré, ne laissa de son mariage qu'une fille : Françoise-Ollive BAUDE DE BUNNETAT, qui a épousé, le 28 juillet 1799, Joseph LE PONTOIS, Officier de marine Royale ; ils eurent pour fils : Napoléon-Désiré LE PONTOIS, marié en 1832 à Marie-Félicité LAMEN. Leurs enfants sont :

1° Louis François Alfred LE PONTOIS, Capitaine d'Artillerie, Chevalier de la Légion d'Honneur.

2° Ambroise-Joseph LE PONTOIS. — 3° Léon-Louis LE PONTOIS. — 4° Amédée-Paul LE PONTOIS. — 5° Auguste LE PONTOIS.

Armes : *d'argent, à trois têtes de loup arrachées de sable.* — Couronne de *Marquis.* — Supports : *deux griffons.*

DE GENESTET DE PLANHOL

Famille originaire du Velay et du Languedoc. Pendant le séjour de Charles VII, alors Dauphin, au château d'Espaly, près le Puy, un membre de la famille DE GENESTET, dont ce Prince avait apprécié les services, devint son ami. Une fois sur le trône, le Roi n'oublia pas ce fidèle serviteur et lui fit présent d'une médaille d'or, dont la face représentait le monarque et qui portait en exergue : CAROLUS VII NOBILI VIRO GENESTET, ce qui prouverait que la noblesse de cette maison est antérieure à l'année 1425.

En effet nous trouvons Bernard DE GENESTET, Clerc du Roi, dans une Charte originale passée à Limoges, en l'année 1277.

Cette famille possédé les seigneuries de Sénégeol, de Montbonnet de Planhol, d'Entremont, de Taillac, le Comté de Saint-Didier et le Marquisat de Nerestang; elle a fourni plusieurs Officiers supérieurs, un Prévôt de N.-D. du Puy, des Magistrats distingués, etc

Au XVIIᵉ siècle, elle se divisa en trois branches : 1° celle de Taillac, éteinte; 2° celle des Comtes de S⁺-Didier, encore représentée en Auvergne; et 3° celle de Planhol actuellement existante. — Le Comte Christophe DE GENESTET DE PLANHOL, laissa de son mariage avec Mˡˡᵉ CAHADE D'AUGE-ROLLES, quatre fils, savoir :

1° Antoine-Marie-Gustave, Comte DE GENESTET DE PLANHOL, Général de Division, Grand-Officier de la Légion d'honneur, Grand'Officier de l'Ordre de Léopold de Belgique, qui a épousé Mˡˡᵉ GOURG DE MOURE, dont il a eu deux fils.

2° Armand DE GENESTET DE PLANHOL, Lieutenant-Colonel, mort en Afrique, en 1855.

3° Charles DE GENESTET DE PLANHOL, Lieutenant-Colonel d'infanterie.

4° Henri DE GENESTET DE PLANHOL, Colonel du 4ᵉ dragons, marié à Mˡˡᵉ BRACCINI, dont il a un fils.

Armes : *d'azur, au cœur ailé d'or.* — Couronne : *de Marquis.* — Supports : *Deux lévriers.*

D'ARTIGUES

Le nom D'ARTIGUES ou D'ARTIGUE, est commun à plusieurs familles nobles du midi de la France, et qui paraissent toutes sortir de la même souche. — Celle qui nous occupe, a eu pour berceau l'ancienne Sénéchaussée de Condom, et a possédé la baronnie d'Artigues, les fiefs de Montcorneil, de Saintes, de la Saigne, de Mazeret etc. Sa filiation commence à Guillaume D'ARTIGUES, Ecuyer, vivant en 1480. — Jean, son fils, assista à l'assemblée de la noblesse des États du pays d'Astarac, en 1560. — Bernard D'ARTIGUES, major dans le régiment royal d'artillerie, servit le roi pendant trente-trois ans. Le roi pour le récompenser lui donna des Lettres de relief de noblesse, au mois de mars 1721.

Le Baron N..... D'ARTIGUES, Capitaine de Frégate, fut fait prisonnier par les Anglais en 1792, et resta sur les pontons jusqu'à la paix d'Amiens, en 1802.

Chef actuel :

Pierre-Henri, baron D'ARTIGUES, marié à Mathilde DE BERNOVILLE.

Armes : *d'argent, à un chevron d'azur, accompagné en chef de deux étoiles du même et en pointe d'un lion de gueules.* — Couronne : *de Baron.* — Supports : *deux lions.*

DE FRAYSSINET

La famille DE FRAISSINET, ou FRAYSSINET, est originaire du bas Languedoc, où elle a été maintenue dans sa noblesse par jugement souverain du 26 mars 1670.

D'après les preuves faites devant d'Hozier, pour être admis au nombre des pages de la grande écurie du roi, en 1689, cette famille remonte au XV° siècle.

Guillaume DE FRAYSSINET, Seigneur de Vessas, qui fut pourvu de la charge de Capitaine-Châtelain et bailli des ville et châtellenie de Cessenon au diocèse de Saint-Pons, en 1555. Il s'était marié à Jacquette DE BIDES. Il avait pour contemporain Antoine DE FRAYSSINET, Maréchal des logis de la compagnie des quarante lances fournies des ordonnances du roi sous la charge et conduite de M. le Baron de Terride, en 1552.

Noble Hercules DE FRAYSSINET, Seigneur de Vessas et Causse, fut nommé Capitaine-Châtelain de Cessenon en 1585. Il épousa par contrat du 9 février 1582 Françoise DE THEZAN, et fut père de noble Guillaume DE FRAYSSINET, II° du nom, Seigneur de Vessas, pourvu du même office dont ses père et aïeul avaient été revêtus. Ce fut lui qui obtint, en 1670, acte de la représentation de ses titres de noblesse.

Armes : d'or, à trois bandes de sable, au chef du même chargé d'un lion naissant d'or, soutenu d'une devise de gueules à trois roses d'argent.

GUILLET DE LA BROSSE

Famille noble, originaire de la province du Lyonnais, établie en Bretagne vers 1680.

Cette famille est actuellement à Nantes.

Armes : d'azur, au sautoir d'argent, accompagné en chef d'un croissant, à dextre et à sénestre d'une étoile, et en pointe d'un tiercelet, le tout d'or. — Couronne : de Marquis. — Supports : deux Sauvages. La branche cadette de cette famille porte depuis 1786 un Croissant d'argent à la place de la fleur de lis d'or.

D'AMPHERNET

Cette très-ancienne et illustre maison, originaire de Normandie, était déjà connue lors de la conquête de l'Angleterre, en 1066 ; son nom se trouve écrit dans les chartes : *Enfernet*, *Anfernet* et *Amphernet*. Elle a prouvé sa Noblesse de Chevalerie en 1461, 1527, 1667 ; et devant Cherin, pour les honneurs de la cour. Parmi ses personnages marquants nous citerons : Jordain D'AMPHERNET, Chevalier Croisé en 1191, inscrit au Musée de Versailles ; GUILLAUME Vicomte de Vire, en 1251 ; RICHARD, Chevalier,

Seigneur d'AMPHERNET, de Tracy, Montchauvet, St-Vigor des Monts, Neuf-
ville, Paluel, etc., Chambellan du roi Charles V (1365). Guillaume, Chevalier,
Trésorier-Général des guerres en Normandie, en 1381 ; Jacques, Chevalier,
Seigneur de Brécey et Jean, aussi Chevalier, gentilshommes de la Chambre du
roi en 1551 et 1605 ; autre Jean, créé Chevalier de l'Ordre par le roi
Louis XIII et Capitaine des cent gentilhommes de sa Maison ; enfin René,
Marquis d'AMPHERNET. Président au parlement de Bretagne et Conseiller
d'État, en 1620.

Cette maison a donné en outre deux pages du roi en 1579 et 1769 ; et
le Comte d'AMPHERNET DE PONTBELLANGER était, en 1820, gentilhomme
ordinaire du roi Louis XVIII.

Plusieurs d'AMPHERNET ont défendu le sol national contre les Anglais sous
les règnes de Charles VI et de Charles VII ; trois d'entr'eux, menés prison-
niers à Londres, ne purent recouvrer leurs fiefs confisqués, en 1417, que
trente-sept ans plus tard. Quatre d'AMPHERNET accompagnaient Louis XIII,
en 1627, au siège de la Rochelle ; Nicolas, l'un d'eux, y fut tué.

De 1717 à 1789 on trouve dix officiers de ce nom servant avec distinction ;
quelques-uns d'entre eux eurent même des commandements importants dans
les armées vendéennes et bretonnes ; trois succombèrent héroïquement pour
la cause du roi.

La maison d'AMPHERNET s'est apparentée aux d'Argouges, de Bacon, de
Pontbellanger, de Vassy, d'Harcourt, de Montgommery, de Belloy, de Choiseul,
Doynel de Montécot, Vauquelin de Vrigny, Guernon de Ranville, Colbert de
Chabanais, de Gramont, de Canonville-Raffetot, etc.

Elle s'est directement alliée, dans les temps modernes, aux du Gretz de
Mont-St-Père, de Cherville, le Flo de Branho, du Bot du Grégo, de Mader,
d'Angerville, de la Morinière, de Broyes, du Fresne, de Virel, du Boisberthelot,
Robert de Saint-Vincent, de Lespuernec, de Montifault et de Solminihac.

Elle a obtenu l'érection en baronnies des fiefs de Montchauvet, en 1610, et
de Brécey, en 1596, et possédait au XIVe siècle les Baronnies de Vassy et
de Montchauvet.

Les différentes branches aux XVe, XVIe et XVIIe siècles ont porté les
titres de Barons d'AMPHERNET — de Pontbellanger — de Montbray — de
Contrebis — de Montchauvet et d'Arclais ; celui de *Marquis* depuis le
XVIIe siècle et ceux de *Comte* et de *Vicomte* depuis le XVIIIe.

Ces titres sont portés de nos jours par les représentants de cette famille,
résidant en Normandie, en Bretagne et à Versailles.

Armes : *de sable, à l'aigle à deux têtes au vol éployé d'argent, becquée et
membrée d'or.* — Couronne : *de Marquis.* — Supports : *deux licornes.*

POUGIN DE LA MAISONNEUVE

Famille originaire de l'Orléanais, qui a possédé les fiefs du Rondeaux, de Nomion, de la Maisonneuve etc., et qui remonte à Pierre Pougin, qualifié Écuyer, Conseiller Secrétaire du grand collège du Roi, né en 1635. Lettres patentes de Louis XIV. — Ses deux frères Guillaume et René moururent sans enfants. — Sa sœur, Françoise-Catherine, épousa le Marquis de Belmont, grand Audiencier de France. — Pierre Pougin, Écuyer, Seigneur de Nomion, Conseiller Secrétaire du Roi, maison et couronne de France et de ses finances, Receveur général du Berri en 1696, a épousé demoiselle Jeanne GAUTHIER DE VAUX. — Leur fille Geneviève-Catherine s'est mariée en 1733 à Louis MARANDON, Écuyer, Seigneur et Baron de la Maisonfort. (Voir d'Hozier, *Armorial général de France*, Registre 1er, première partie, page 367).

Louis POUGIN DE LA MAISONNEUVE, Écuyer, Président trésorier de France au bureau des finances de la généralité d'Orléans, fut député à l'assemblée des États-généraux, en 1789.

Cette famille est alliée aux de Belmont, Gauthier de Vaux, Marandon, de la Maisonfort, Polluche, *(voir le manuscrit d'Hubert sur l'Orléanais, vol. VIII, folio 219)*, Olivier de Leuville, de Birague, Huc de Lorville, Quemper de Lanascol, *(voir de Magny, Livre d'or, tome 4, page 417)*, de Masclary, Viénot de Vaublanc, Bernot de Charant, Loisson de Guinaumont.

Elle est représentée par :

1° Louis-Marie POUGIN DE LA MAISONNEUVE, marié à Mlle Charlotte-Cécile-Éléonore VIÉNOT DE VAUBLANC dont une fille :

A. Charlotte POUGIN DE LA MAISONNEUVE, mariée à Charles-Henri BERNOT DE CHARANT, et un fils :

B. Fernand POUGIN DE LA MAISONNEUVE, marié à Jeanne-Marie LOISSON DE GUINAUMONT. *(Voir de Magny, art. Loisson de Guinaumont)*.

2° Adolphe-Marie POUGIN DE LA MAISONNEUVE, qui a épousé Mademoiselle Edmée-Claudine HARDOUIN.

Armes : *d'azur, au chevron d'or, accompagné en chef de trois croissants d'argent posés 1 et 2, et en pointe d'une gerbe d'or liée de gueules.* — Couronne : *de Comte.* — Supports : *deux lions.* (Enregistrées à l'Armorial Général et officiel de France de 1696.)

DU FAUD

Famille originaire de la province du Rouergue, dont le nom est écrit indistinctement DU FAU et DU FAUD, et qui a possédé le fief de Fontannelle en Périgord. — Nicolas DU FAUD, était Capitaine de cavalerie, en 1656, et François DU FAU, Conseiller, Secrétaire du Roi en la Sénéchaussée et siège Présidial de Villefranche, en 1718.

Les représentants actuels de cette famille, qui habitent Monpazier, sont :

1° Jean-Pierre-Ernest DU FAUD ;
2° Jean-Louis-Albert DU FAUD ;
3° Jean-Henri-Lodoïs DU FAUD ;
4° Jeanne-Marie-Valérie DU FAUD ;

Tous enfants de M. DU FAUD, ancien Officier du premier Empire, et de Mlle LAPLANE DE ROUQUET.

Armes : *d'azur, à deux faulx d'or passées en sautoir.* — Couronne : *de Comte.* — Supports : *deux Lions.*

DE MANGEON DE LA BARRE

La famille DE MANGEON, d'ancienne noblesse de Lorraine, est désignée comme seigneurs de la Barre et de Suzemont. Elle n'a pu jusqu'à présent remonter sa filiation qu'à noble Joseph DE MANGEON, qui servait en qualité d'homme d'armes dans la compagnie des mortes-payes établie par le Roi au château d'Antibes, sous la charge et conduite de Messire François D'ORAISON, Vicomte de Cadenet, en 1580.

Dominique DE MANGEON était conseiller et secrétaire de S. A. le Duc de Lorraine, greffier au siège Présidial du bailliage des Vosges et tabellion général du Duché de Lorraine par lettres ducales du 16 Décembre 1615.

Jean DE MANGEON, son fils, fut héritier des mêmes charges et honneurs.

Georges DE MANGEON, Écuyer, était Maréchal-des-logis d'une compagnie de cinquante chevaux-légers du régiment Royal-Étranger, cavalerie, sous le commandement de Messire François DE MONTAIGLE, dont la revue fut passée à Metz, le 22 août 1665.

Noble Jean-François DE MANGEON DE LA BARRE, Écuyer, Lieutenant au régiment de Lorraine, cavalerie, fit enregistrer ses armoiries dans l'Armorial général de France dressé en vertu de l'édit de 1696. Il est fils de Jacques, Écuyer, Seigneur de la Barre et de Suzemont et de Suzanne PINGUET; sa sœur Anne-Marie DE MANGEON, fut mariée par contrat du 3 mars 1697, passé à Briey, avec Barthélemy LE PRIEUR, Écuyer, Seigneur de Roquemont et de Plaisance.

Bernard DE MANGEON, Écuyer, figure comme Capitaine au régiment de Royal-Cravate en 1698, commandé par le duc de Duras, pair et maréchal de France, avec MM. de Montmorency, de Torréden, de la Tour de Neuville, de Saint-Clerc, etc.

La famille DE MANGEON, s'est alliée à celles de Baunwarth, le Goubaut, de Halloir, Pinguet de Suzemont, le Prieur de Roquemont, de la Haye, de Ficquelmont, etc. Elle est actuellement représentée par :

Gustave-Adolphe DE MANGEON, percepteur à Florac et son frère, Charles. — Édouard DE MANGEON, chef d'escadrons de cavalerie légère.

Armes : d'azur, à un chevron d'or, chargé de cinq annelets de gueules, accompagné en chef de deux étoiles d'or, et en pointe d'une gerbe du même.

RENAUD DE LA GARDETTE

Famille très-ancienne de la Province d'Auvergne, remontant à Bernard DE LA GARDETTE, vivant en 1350. — Gilbert DE LA GARDETTE, Écuyer, vivait à Neschers, en 1446; Pierre et Robert DE LA GARDETTE sont inscrits à l'Armorial de 1450. — Louise DE LA GARDETTE, fille de Robert, porta la seigneurie de La Gardette, en mariage, à Jean DE SAINT-NECTAIRE, en 1491.

Une branche de cette famille fixée en Dauphiné, s'est fondue dans la famille de REYNAUD, originaire de la ville de Crest, qui, elle même, était d'ancienne noblesse. L'état de la famille REYNAUD DE LA GARDETTE a été constaté au siècle dernier par le Lieutenant-Général de la sénéchaussé de Crest. Du mariage de Joseph REYNAUD DE LA GARDETTE avec Angèle DE NIEL-ROCQUARD sont issus, Isidore et Octave REYNAUD DE LA GARDETTE; ce dernier marié à Eugénie DE BELGARIC, est mort sans enfants.

Isidore Reynaud de la Gardette a épousé en 1825 Isabelle de Piellat dont il a Roger, Albin, Henri et Arthur Reynaud de la Gardette, et du mariage de ce dernier avec Isabelle de Valfons de la Calmette est né en 1863 Gaëtan Reynaud de la Gardette, résidant à Sérignan (Vaucluse).

Armes : *de gueules, à la bande componée d'azur et d'argent, de six pièces.*

GAULTIER DE RONTAUNAY

La famille Gaultier dont sont issus les seigneurs de Rontaunay en la paroisse de Basouge-la-Pérouse près Fougères, originaire du diocèse de Rennes en Bretagne, paraît être sortie des Gaultier, sieurs de Grandclos en la paroisse de Saint-Gilles, dont les auteurs comparurent aux réformations de 1427 et de 1513. Perrot Gaultier était franc-archer de la paroisse de Derval, en 1450.

Noble François Gaultier, Seigneur de Rontaunay, Maître particulier des Eaux et Forêts, eut de son union avec demoiselle Renée de Saint-Germain, Louis Gaultier, seigneur de Rontaunay, Capitaine des vaisseaux du Roi, qui, lors de la tourmente révolutionnaire, se réfugia à l'île Maurice. Il laissa de demoiselle Antoinette de Senneville, sa femme, deux enfants :

A. Julien de Gaultier de Rontaunay, armateur à l'île Bourbon, mort sans alliance :

B. Louis-Joseph Gaultier de Rontaunay qui a eu de son union avec mademoiselle Zénaïde Le Père de la Butte, trois garçons :

1° Louis-Joseph Gaultier de Rontaunay, marié à mademoiselle Edwige Poullain du Rerosoin, issue d'une ancienne famille bretonne dont la noblesse était connue dès le commencement du xiv⁰ siècle et qui a produit un capitaine des ordonnances de la Reine Anne, en 1500 et un maréchal des camps et armées du Roi, en 1791.

2° Louis-Jules Gaultier de Rontaunay ;

3° Louis-Thomy Gaultier de Rontaunay.

Armes : *d'argent, au houx arraché de sinople, au franc-canton de gueules, chargé d'une croix dentelée d'argent.*

DES ULMES

Cette famille dont le nom s'est écrit : DES HEUMES, DES HUSMES, DES USMES et enfin DES ULMES, est originaire du Nivernais. Sa filiation remonte à Jean DES ULMES, écuyer, seigneur de Trogny, vivant en 1450, lequel épousa noble damoiselle Marguerite DE LA PERRIÈRE. Maintenue dans sa noblesse, par jugement de M. Bouchu, Intendant du duché de Bourgogne, en date du 13 février 1669, elle a fourni un Conseiller et un Chambellan du Roi, en 1471, un Commandant de l'arrière-ban du bailliage d'Auxerre, des Chevaux-Légers de la garde du Roi, des Chevaliers de Malte etc. ; enfin plusieurs de ses membres ont été qualifiés Comtes DES ULMES et Marquis DE TORCY. — Elle s'est alliée aux : de Beaujeu, la Ferrière, du Frétoy, du Verne, d'Aulnay, Brischard, Cotignon, de Foullé, de Nuchèzes, de La Venne, Digoine, l'Évoillé du Fournay, de Montcrif, etc.

Cette maison est représentée aujourd'hui par M. le comte DES ULMES.

Armes : *d'azur, au lion d'or, armé et lampassé de gueules.* — Couronne : *de Comte.* — Supports : *deux Vierges nues et échévelées d'argent.*

DE BLANQUET DE CHAYLA

Suivant une sentence du sénéchal de Nîmes de l'année 1612, confirmée par arrêt du parlement de Toulouse, la famille DE BLANQUET, originaire du Gévaudan, remonte sa filiation avant l'année 1400. Elle a été déchargée du droit de franc-fief par ordonnance de M. de Basville, en 1715 ; et ses membres portent dans leurs actes les qualifications de chevaliers, barons d'Altès, seigneurs d'Amanzé, Rouville, Trebons, Mauremont, etc.

Dominique DE BLANQUET, mousquetaire du Roi, avait pour frère aîné François DE BLANQUET DE ROUVILLE, Conseiller du parlement de Toulouse, dont le fils prit part à l'Assemblée de la noblesse du Gévaudan, en 1780.

Alliances : de Bresson, du Chayla, d'Espechiers, d'Eymar, de Guyot, de Rochemure, de Teste, etc.

Armes : *d'argent, à la bande de gueules, chargée de trois roses du champ accompagnée de 2 croissants de gueules, celui en chef renversé.*

DE VOLUNTAT DE MERVILLE

Cette famille d'origine chevaleresque est une des plus anciennes du Bas-Languedoc. Elle compte parmi les ancêtres, le sire DE MERVILLE qui partit pour la croisade en 1096 ; par les femmes elle a l'honneur d'être apparentée à la maison de Bourbon. Elle a possédé les fiefs et seigneuries de Vaquières, de Merville, de Vaqueirolles, de Parignargues, de Saint-Martin, Montpézat, etc. Les chevaliers qu'elle a fournis apparaissent à côté des Bernard Aton et des Trancavel, et plus tard comme écuyers, lieutenants-généraux du Roi, chevaliers de Malte ; elle a fourni un grand nombre de magistrats, consuls de Nîmes, docteurs en théologie.

Représentants actuels :

Gabriel DE VOLONTAT DE MERVILLE, et son fils, Rosario DE VOLONTAT DE MERVILLE, élève à l'École Polytechnique.

Armes : *d'argent, à un taureau levé de sable, accorné d'or, accosté de deux branches de trois roses de gueules, tigées de sinople, au chef de Malte ; sur le tout : d'azur, à trois tours d'argent qui est de* POMPADOUR. — *L'écu timbré d'un casque de chevalier orné de ses lambrequins et sommé d'une Couronne de Comte.* — Devise : *Voluntas omnia vincit.*

DE BOISSEROLLE

Bourg et de fief dans les Cévennes, qui a donné son nom à la famille DE BOISSEROLLE, restée catholique. — Elle s'est alliée aux de Menard, de Massanne, Daudé vicomtes d'Alzon, de Bonald, d'Astanières, de la Cour de Moncamp, d'Albignac, de Vivens de Ladoux, Algoin de Montredon, de Longuerue, etc.

En 1744, Jean-Louis-Xavier DE BOISSEROLLE, Écuyer, seigneur de Boisvilliers et de la Grange-Batelière, Conseiller en la cour des Comptes de Montpellier, épousa Jeanne-Élisabeth LAW DE LAURISTON, nièce de Jean LAW, Contrôleur-général des finances et en eût un fils : Jean-Aurèle, né à Paris en 1764, mort à Sumène 1829, qui fut Garde du corps de Louis XVI, Maréchal de camp, Chevalier de Saint-Louis et de la Couronne de Fer, Officier de la Légion d'honneur, etc., père d'Aurèle qui eut un fils et deux filles, et Joséphine-Aimée, mariée à Auguste Raboin, dont la fille, mariée à Étienne DE Bossuges, de l'illustre et ancienne famille de ce nom, a eu un fils, Joseph-Gabriel Raboin DE Boisserolle, autorisé, par décret inséré au bulletin des lois du 5 juin 1873, et par jugement du 22 juillet 1874, à ajouter à son nom patronymique celui de son aïeul maternel et à s'appeler ainsi : Raboin DE Boisserolle.

Armes : *d'argent, au chevron d'azur, accompagné de 3 étoiles du même 2 et 1.*

DE MONTBRUN

Famille originaire du Dauphiné, où elle était connue dès l'an 1520.

Amé DE Montbrun, l'un des cent gentilshommes de la maison des rois François Iᵉʳ et Henri II, fit partie des ordonnances et des gardes ordinaires de ces princes.

Antoine DE Montbrun, son fils, homme d'armes de la compagnie du duc de Nemours, en 1584, puis l'un des cent gentilshommes de la maison du roi, épousa en 1594, noble demoiselle Florence DE LA Cour, et fut père d'Antoine II du nom, qui eut pour fils : Antoine III du nom, vivant en 1670.

Un de leurs descendants : Louis-Pierre de Montbrun, né à Florensac (Hérault), général de division, créé comte de l'Empire, a été tué à la bataille de la Moskowa.

Son fils : Louis-Anatole, comte DE Montbrun, Page du roi Charles X, puis officier de cavalerie, a épousé mademoiselle Adeline Brianseaux DE Milleville, qui habite aujourd'hui le château de Saint-Augustin (Pas-de-Calais).

Armes : *Écartelé, au 1, de sable au levrier assis et contourné d'or ; au 2, au franc-canton des comtes de l'Empire ; au 3, d'azur, à deux tourterelles d'argent posées en fasce ; au 4, de sable à la cuirasse antique surmontée d'un casque d'or. Anciennement les armes étaient d'azur, à un levrier d'argent.* Couronne : *de Comte.*

DEVÈS

La famille Devès ou Devez qui habite depuis plus d'un siècle le comté de Grignan est une branche cadette de l'antique et illustre maison DE VESC, du Dauphiné.

On voit, en effet, que dans les anciens titres son nom s'est écrit indistinctement DE VESC et DEVÈS.

Guy DE VESC, seigneur de Vesc, Dieulefit et Cadcrousse, fut père de Hugonin DE VESC qui fit partie de la troisième croisade, en 1190.

Armand DE VESC, fils de ce dernier, eut entr'autres enfants : Alméric DE VESC, d'où descendent les branches de Bécone et d'Espeluche.

Hugues DE VESC, mari de Marièse, fille de feu Raymond Loup (Lupi), est connu par un charte du 13 Mai 1279. Il était fils d'Alméric DE VESC, seigneur de Bécone, Baume-la-Lance et Blacons, et partagea avec André, son frère, en l'année 1308; il eut plusieurs enfants, entr'autres, Pierre, seigneur DE VESC, d'Espeluche et de Lalo, gouverneur de Dié, chef des bannerets du Diois, en 1325, qui obtint de Guigues VIII, en récompense de ses exploits à la bataille de Varey, la permission de porter un château sur sa bannière, château que ses descendants mirent sur leurs armes.

Guillaume DE VESC, fils de Pierre, reçut en 1358 le serment de fidélité de Pons de la Roche, son vassal, et laissa deux fils : Pierre et Jean DE VESC.

Le premier rendit hommage à Giraud Adhémar en 1375 et fut père de Guillaume de VESC qui testa en 1450, laissant entr'autres enfants, Talabard, dont un des fils, Raymond de VESC, mort en 1508, eut Guillaume DE VESC, auteur de la branche des DEVÈS établie au Fraisse.

Ce Guillaume DE VESC ou DEVÈS, qui était resté fidèle à la foi catholique, vit ses domaines incendiés par les religionnaires en 1562; sa femme, Mathieue LIOTARD, fut mère de trois fils et d'une fille.

L'aîné Guillaume DE VESC, épousa, vers 1580, Marguerite Giraud, dame de Ribas, laquelle ne laissa qu'une fille.

Jaume, le puiné, fut père d'Antoine DE VESC, dont naquit entr'autres;

Jean DEVEZ, qui s'unit à Catherine Garguin et en eut six enfants.

Antoine DEVEZ, l'un deux, alla se fixer à Chamaret, où il épousa Marie Barthélemy, mère de Louis DEVÈS, Consul de Chamaret en 1753, qui se maria avec Claudine Roussin, dont :

Paulin Devès, lieutenant de cavalerie, tué en duel à Bordeaux; et Louis Devès (1), qui de Marie-Anne Barthélemy a eu :

Jean-Louis Devès, Maire de Chamaret de 1843 à 1846 ; il avait épousé, en 1819, Marie-Rose Font, de laquelle sont nés :

A. Louis Devès, greffier de paix à Grignan, non marié ;

B. André-Alphonse Devès, époux d'Olyme Gande, de laquelle il a eu :

AA. Abel-Bertin-Camille Devès, né le 13 Janvier 1853, engagé volontaire, sous-officier au 77ᵐᵉ de ligne.

BB. Alma-Eugénie-Victoria Devès, née le 25 Janvier 1855.

Armes : *de gueules, à trois tours d'argent donjonnées, maçonnées et contrebretessées de sable.*

Supports : *deux Lions léopardés.*

Cimier : *un Lion léopardé naissant, tenant une épée haute.*

Couronne de rayons.

DE LANNEFRANQUE

Cette famille, très-anciennement connue en Guienne se trouve mentionnée dans une charte du mois d'octobre 1476, portant provisions de la charge de Juge-mage de Carcassonne en faveur de Pierre-Arnaud de Lannefranque, et dans le nécrologe de la Case-Dieu, sous l'année 1506, dans lequel Fortanier de Lannefranque, est cité comme témoin d'une charte relative à Auger de Baulat.

Thomas-Alexis de Lannefranque, Écuyer, requit l'enregistrement officiel de ses armoiries à l'Armorial général officiel créé par édit du Roi du 20 novembre 1696, au registre de la généralité de Guienne, folio 193.

La famille de Lannefranque est aujourd'hui représentée par M. Charles de Lannefranque-Larrey, résidant aux Guibertières, commune de Breloux (Deux-Sèvres.)

Armes : *Écartelé, aux 1 et 4, d'azur, à trois bourdons d'or rangés en pal, surmontés de trois coquilles d'argent rangées en chef; aux 2 et 3, de gueules, à un cœur d'or duquel sont mouvants trois lys du même, et un chef d'argent, chargé de trois étoiles de gueules.*

(1) Le 12 germinal au VIII, une bande de brigands au nombre de 37, incendièrent sa maison après l'avoir mise à sac.

DE LA PORTE

Originaire de l'Artois, la famille DE LA PORTE, est aujourd'hui fixée en Auvergne.

Le représentant actuel de cette famille est : M. Charles DE LA PORTE, qui a épousé, le 1ᵉʳ Juin 1869, Jeanne-Laurence-Anne CHASSAIGNE, fille d'Alexandre CHASSAIGNE-GOYON, Conseiller d'État, ancien Préfet, ancien Député, Commandeur de l'ordre de la Légion d'honneur et Officier de l'Instruction publique, et de dame Marie-Ophélie GOYON.

Résidence : Château de la Motte (Puy-de-Dôme.)

Armes : *d'azur, au croissant d'argent, chargé de cinq mouchetures d'hermines.*

LE TAVERNIER DE LA MAIRIE

Dès le XIᵉ siècle, cette maison figurait parmi la noblesse de Normandie. Elle a fourni un compagnon de Guillaume le Conquérant (*A. Duchesne — Liste du Monastère de la Bataille*), auteur « d'une des principales familles de l'Angleterre », et, à Rouen, une longue suite de magistrats municipaux (*Archives communales, et Farin*), au nombre desquels Jean LE TAVERNIER, seigneur de plusieurs fiefs, Procureur général de Rouen, Conseiller, Échevin, 1394. Il timbrait d'un heaume de chevalier l'antique écusson de sa famille (charte originale scellée de ses armes, 1387, relative à une mission dont sa ville le chargea pour le Roi.)

Les LE TAVERNIER furent maintenus dans leur noblesse par Montfaut, en 1463.

Le titre d'Écuyer leur fut confirmé par arrêt du Conseil d'État, en juillet 1651. Ils s'établirent vers cette époque dans l'Ile-de-France, où ils possédèrent la seigneurie de la Mairie, depuis 1682 jusqu'à la Révolution. Ils en portèrent le nom, et un arrêt du 14 janvier 1840 les confirma dans ce droit et dans leur titre.

Ils se sont alliés à la maison princière souveraine DE CARDÉ, dont les armes leur furent transmises par Marie-Madeleine-Claude DE CARDÉ, héritière de sa branche, femme, en 1688, de Jérôme LE TAVERNIER, Seigneur de la Mairie, Écuyer, Officier et Conseiller du Roi, Valet de chambre ordinaire de la Reine Marie-Thérèse, qu'il servit jusqu'à ses derniers moments, mort en 1719.

Elle était fille de Charles DE CARDÉ, Seigneur de Saint-Germain, des Carrières, etc., Trésorier du sceau de la Chancellerie de Paris, et issue de Mainfroy, Seigneur DE CARDÉ (*Preuves de D'Hozier*), auteur de cette illustre maison piémontaise, la seconde qui fut investie du Marquisat de Saluces.

Mainfroy DE CARDÉ, époux d'Éléonore DE SAVOIE, fille de Philippe, Prince D'ACHAÏE, fut substitué héréditairement par son père Mainfroy IV, Marquis DE SALUCES, à Frédéric, né d'un premier mariage. Il fit la conquête de ses états, dont l'Empereur Charles IV lui donna l'investiture, et regna 14 ans environ. Puis Thomas II, fils de Frédéric, le détrôna, et la souveraineté fut arrachée aux CARDÉ, qui luttèrent plus d'un siècle, obtinrent des dédommagements importants, et ne conservèrent de leurs droits que le titre de Marquis, et les armes pleines de la maison DE SALUCES. Ils descendent d'Aleran de Saxe, premier Marquis de Montferrat, 967.

Jérôme LE TAVERNIER DE LA MAIRIE eut pour frère Guillaume LE TAVERNIER, né en 1650, mort en 1710, Chanoine de Saint-Mellon de Pontoise, Curé de Notre-Dame de la même ville, 1681. Il soutint avec zèle et sagesse les intérêts de sa paroisse contre les religieux et abbés de Saint-Martin. Le Pape intervint plusieurs fois dans ces démêlés.

De Jérôme sont issus :

Charles-Auguste LE TAVERNIER DE LA MAIRIE, Écuyer, Conseiller du Roi, Lieutenant général civil et criminel, etc. Né en 1689, il est mort en 1749, sans postérité ;

Et Pierre-Augustin LE TAVERNIER DE LA MAIRIE, Écuyer, Fourrier ordinaire des Logis du Roi Louis XV, pendant 27 ans. Né en 1704, mort en 1780, dont :

Pierre-François-Augustin LE TAVERNIER DE LA MAIRIE, Écuyer, Conseiller du Roi, premier Conseiller au Baillage de Pontoise, (près de 53 ans d'exercice dans la magistrature). Né en 1750, mort en 1827, père de :

Armand LE TAVERNIER DE LA MAIRIE, Écuyer, Chevalier de la Légion d'honneur, Officier des cuirassiers de la Garde Royale, démissionnaire en 1830, rejoignit Madame en Vendée. Propriétaire du château d'Auneau (Eure-et-Loir). Né en 1798, mort en 1852, père de :

Henri LE TAVERNIER DE LA MAIRIE, né en 1841.

Armes : *Écartelé, aux 1 et 4 d'argent, à trois lions de sinople armés et lampassés de gueules, à la bordure de gueules chargée de onze besans d'or*

qui est Le Tavernier ; *aux 2 et 3, d'argent, au chef d'azur, qui est*
de Cardé.

L'écu, placé sur une aigle de sable couronnée d'or au vol éployé, est
timbré d'une couronne de Marquis.

Le tout environné d'un manteau de pourpre fourré d'hermines, sommé
d'une couronne antique.

PETIST DE MORCOURT

La noblesse de cette famille remonte à un Petyst, Mayeur d'Amiens,
anobli par Henri IV en récompense de sa belle conduite pendant le siége de cette ville par les Espa-
gnols (1597).

I. — L'un de ses descendants, Louis Petyst,
Ecuyer, Avocat du Roi, avait épousé Dame Marie-
Anne N. dont il eut :

II. — Louis-Antoine Petyst Seigneur de Morcourt, et autres lieux, Conseiller du Roi, son avocat
au Bailliage et siége présidial d'Amiens ; il avait
épousé, en 1782, Dame Marguerite Renouard d'Au-
matic, dont il eut :

1° François-Michel qui suit ;

2° André-Benigne-Jérôme Petyst, Seigneur d'Elicourt, de Moyen-
court, etc. Ecuyer ; mort sans postérité.

3° Gilbert-Ferdinand-François Petyst, Seigneur de Montfort, de
Puchevillers etc. Ecuyer, Commandant au Régiment de Bourbonnais ; il a formé une branche qui habite le midi.

4° Marie-Thérèse Petyst de Morcourt, Dame de Neuville,
mariée à Messire Gilles de l'Hermel, seigneur de Plouy
et autres lieux. Le château de Neuville est encore habité par son
arrière petit-fils, M. de Saint-Hilaire.

III. — François-Michel Petyst, Ecuyer, seigneur de Morcourt et autres
lieux, Capitaine de Cavalerie, né le 15 Décembre 1736. Il épousa le 15
novembre 1767, dans l'église de Contay (Somme), demoiselle Elisabeth-Louis-
Honorée Morel de Bécordes ; De ce mariage vint :

IV. — Louis-Michel-Honoré Petyst de Morcourt, né le 9 décembre 1769,
Ecuyer, Capitaine au corps royal de l'Artillerie qui épousa en premières
noces Thérèse-Françoise-Marie Le Roy des Plantes ;

De ce mariage sont issus :

    1° Fanny Petyst de Morcourt, mariée à M. Millet, Colonel de Cavalerie ;

    2° Louis-Michel Petyst de Morcourt, né le 4 avril 1790, Officier de Cavalerie de la garde royale qui épousa 1° le 24 août 1824, Dame Marie-Dorothée Vandamme, nièce du Général Comte Vandamme et, en secondes noces, Adélaïde du Gard, dont il a eu 4 enfants. Cette branche a encore des représentants.

Les enfants issus du premier mariage sont :

    A. Charles-Louis-Désiré Petyst de Morcourt, actuellement Commandant en activité de service, marié le 27 mai 1867 à Dame Marie-Sophie-Jeanne de Girard de la Chaise, d'une des plus vieilles Maisons de Normandie.

    B. Louis-Edmond Petyst de Morcourt, marié le 3 juillet 1857 à Héléna Petyst de Morcourt ; de ce mariage sont issus deux enfants :

        Edgard et Albert Petyst de Morcourt.

    C. Louis-Emile Petyst de Morcourt.

Armes : *d'azur, à un pélican d'argent dans son aire, accosté de 2 étoiles d'or, et surmonté d'un croissant du même.*

DE CHAUVENET

Famille ancienne de la Picardie qui a formé les branches de Chauvenet de Lesdin, et de Chauvenet de Bellenglise et de Parpeville.

Alexandre de Chauvenet, écuyer, a fait enregistrer ses armes à l'armorial général de 1696, au registre de la généralité de Picardie, sous le n° 121.

Chef actuel : M. Edmond de Chauvenet marié à Mademoiselle de Bertoult d'Hautecloque, demeurant à Eu.

Armes : *de gueules, à deux gerbes d'or rangées en fasce.* — Couronne : *de Marquis.* — Supports : *deux sauvages.* — Devise : *Ex labore fructus.*

La branche de Bellenglise et de Parpeville brise ces armes de *trois cors de chasse,* et porte : *de gueules, à deux gerbes d'or rangées en fasce, accompagnées de trois cors de chasse de même, 2 et 1.*

MILLARD

Famille ancienne de la Bourgogne qui a donné aux XV⁰ et XIV⁰ siècles plusieurs Échevins au bailliage de Châlon.

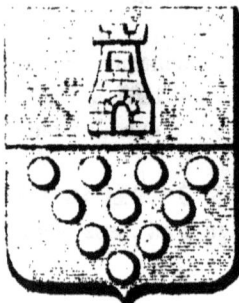

Pierre MILLARD, Écuyer, Gentilhomme du Duc de Lorraine, était seigneur en partie du marquisat de Santenay.

En 1715, Charles et François MILLARD, Écuyers, firent reprise du flef de la Craute.

Cette famille a possédé les flefs de Montrion et Champeaux, de Noble et de la Croisette ; ces deux derniers étaient possédés par Denis et Louis-Vivant MILLARD, Économiste distingué, délégué du commerce aux États de Bourgogne et Échevin de Châlon.

Elle a donné plusieurs chevaliers de Saint-Louis.

Alliances : Grandchamp, Méribel, Cercy, Pinard, d'Azincourt.

Ces descendants habitent actuellement Autun.

Chef actuel : M. MILLARD, Directeur de l'asile du Vésinet.

Armes : *Coupé, au 1, d'azur, à une tour d'argent; au 2, d'azur, à 10 besants d'or, posés 4, 3, 2 et 1.* — Devise : *Fortis in adversis.*

CAPISUCCHI DE BOLOGNE

Maison considérable de Rome qui a produit des Cardinaux et une foule de grands hommes entr'autres :

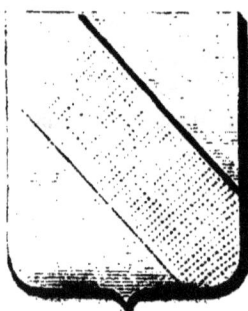

Paul CAPISUCCHI, auditeur de Rote, Évêque de Micastro, Vice-Légat de l'Ombrie sous Clément VII et Paul III.

Jean-Antoine CAPISUCCHI, neveu du précédent, Cardinal en 1555.

Blaise CAPISUCCHI, Marquis de Motério, guerrier célèbre, Lieutenant général dans le Comtat venaissin en 1586.

Camille CAPISUCCHI, Marquis de Puy-Catin, frère du précédent, Mestre de Camp d'Infanterie en 1551.

Cette Maison a formé plusieurs branches en France et en Piémont.

La branche Française, plus connue sous le nom de BOLOGNE a été naturalisée en 1595.

Elle a fourni à l'ordre de Malte divers Chevaliers entre autres Louis et François DE BOLOGNE ; Un Gouverneur de Nogent en Champagne, Jules DE BOLOGNE.

Le Cardinal Mazarin fit dresser la généalogie de cette branche pour la famille des CAPISUCCHI de Rome alors très puissante.

Armes : *d'azur, à une bande d'or.*

La Branche Française porte : *d'or, à trois tourteaux de gueules, semés de fleurs de lis d'or, et sur le tout : d'azur à une bande d'or.*

DU CASSE

Famille originaire du midi (Béarn et Guyenne) ayant réuni les trois noblesses d'épée, de robe et de cloche.

Personnages principaux : L'Amiral DU CASSE (Jean), 1646-1715 ; Bernard DU CASSE, Échevin de Bayonne ; Paul DU CASSE, Capitaine Chevalier de Saint-Louis ; Jacques DU CASSE, Chancelier au parlement de Toulouse ; Jacques-Xavier DU CASSE, Maréchal de Camp.

Fiefs et Seigneuries : Lartigue, Larbout, Meyrac, Riumayou.

Honneurs : Un Chevalier de la Toison d'or, 1712 ; deux cordons rouges de Saint-Louis, 1708 et 1824 ; un Lieutenant-général des armées navales de France, 1707 ; un Capitaine général d'Espagne, 1702 ; un Maréchal de Camp, 1814.

Alliances principales : Pardaillan, la Rochefoucauld, Rigal, Etchegaray, Villeneuve-Busson, Monlevade, Lignac.

Cette famille est représentée aujourd'hui par Pierre-Emmanuel-Albert, Baron DU CASSE, ancien Officier, membre de la Cour des Comptes, marié à Eugénie, fille de Jean-Baptiste GIRARD, Duc de LIGNY, Lieutenant-général, pair de France, etc. dont un fils :

Robert-Emmanuel, Baron DU CASSE, attaché d'ambassade.

Armes : *d'azur, au chêne arraché et fruité d'or, à quatre branches passées en sautoir.* — Devise : *Fortis in longœvum.*

CASTANIÉ

La terre Seigneuriale de Villespassant en Languedoc, possédée au XIII° siècle par la maison DE CAUSSEN (qui prit le nom de DOUZON au XV° siècle comme héritière de la famille de ce nom), fut érigée en baronie par le roi Louis XIV, en mai 1679.

Les CAUSSEN DOUZON, barons de Villespassant fournirent plusieurs Conseillers au parlement de Toulouse, des Conseillers d'État, des Sénéchaux à Carcassonne, des Juges-Mage à Béziers, etc.

Olivier DE CAUSSEN chef de cette famille, suivit Saint Louis en terre sainte comme l'un des Chefs de son armée, et épousa en juin 1225 Cécile DE LUZIGNAN, fille du roi de Chypre.

Messire Henri CASTANIÉ, seul héritier de cette famille, demeurant à Tourbes-(Hérault) est en instance pour la reprise en surnom du nom de DOUZON DE VILLES passant, que portait son aïeul maternel.

Armes : d'azur, à la fasce d'or, accompagnée en chef d'une croix tréflée, et en pointe d'un besant, le tout d'or. — Supports : deux Licornes. — Devise : Virtus ombumbrata refulsit.

DE BÉON

Illustre et ancienne maison de la Guienne, descendue des premiers Vicomtes souverains de Béarn dont elle est une branche (de Béarn de Béon) et dont elle a toujours porté et porte encore les armes pleines.

Seigneurs de la vallée DE BÉON, dès le XII° siècle, Vicomtes, Comtes et Marquis DE BÉON, Vicomtes de Sère, Comtes du Massez et de la Palu, Marquis de Cazaux, Barons de Miglos, Comtes de Brienne et de Lamézan, Marquis de Bouteville, Luxembourg, etc.

Chef actuel de la Maison de BÉON en France : Jean-Marie-Ferdinand-Henri, Comte DE BÉON, chef des nom et armes DE BÉON.

Armes : d'or, à deux vaches passantes de gueules, accolées, accornées et clarinées d'azur.

PASTRÉ

Famille noble du Languedoc dont une Branche s'est fixée en Provence à la fin du XVIII° siècle.

Elle a fait enregistrer ses armoiries en 1696 à l'*Armorial Officiel* créé en vertu de l'Édit du Roi Louis XIV, (volume de la généralité de Montpellier, f° 713, au Cabinet des titres de la Bibliothèque Richelieu.)

Elle fait remonter son origine sur titres à Thibaut PASTRE qualifié noble dans l'Armorial d'Hozier, dès l'an 1358. (Registre III, 2° partie).

Armes : *d'or, au chevron d'azur, accompagné en chef de deux chênes de sinople, et en pointe d'un Lion de sable.* — Supports: *deux Béliers.* — Cimier : *un lion issant.*

PERTHUIS DE LA SALLE

Famille originaire de Paris, remontant par titres à la fin du XVI° siècle, et qui a successivement fourni, de 1613 à 1691, trois Conseillers au Parlement. Une branche de cette maison, seule survivante aujourd'hui, vint s'établir en Poitou en 1688. Elle a pour premier auteur François-Emmanuel PERTHUIS, sieur DE LA SALLE, Inspecteur et Receveur des fermes du Roi dans la Vicomté d'Aunay, lequel compte parmi ses descendants un Procureur Général au Conseil supérieur du Canada, qui fut ensuite pourvu, par lettres de provisions du 6 avril 1774, enregistrées le 23 juillet suivant, d'un office de Conseiller Secrétaire du Roi en la Chancellerie de Poitiers, charge qui conférait la noblesse.

Charles-Emmanuel PERTHUIS DE LA SALLE, Seigneur du Pouzact, sieur de La Roche, de Mazeuil, etc., d'abord Officier dans la marine royale, rendit aveu au Roi pour le fief de La Roche, le 17 juin 1775. Un de ses fils, Charles-Louis-Emmanuel PERTHUIS DE LA SALLE, fut reçu, le 4 septembre 1789, Avocat au Parlement de Paris.

La famille Perthuis de La Salle s'est alliée aux familles Gerbier de Crezelles, de Marchant, Vidault des Loubières, Gallard de La Touche, de Condé, de Villedon, Aubel, Le Long de La Croisardière, Monnier, Fradin de Bellabre, etc.

Chef actuel : Paul-Emmanuel Perthuis de La Salle, qui habite le château de Presles (Charente-Inférieure), marié en 1817 à Caroline-Béatrix Aubel, dont un fils.

Armes : *de gueules, à la licorne d'argent passante* — Couronne : *de Comte.* — Supports : *deux sauvages.*

PITANCIER DE MONTIGNY

Famille très-ancienne de Champagne dont la noblesse remonte à Philippe Le Pitancier, Ecuyer de la ville de Sézanne qui obtint des lettres de rémission du Roi Charles VI au mois de juin 1412, à la suite d'une rixe suivie de meurtre. (Voy. le Trésor des chartes, Registre J.J. 166 n° 211).

Le nom de Pitancier a son origine dans un bénéfice claustral, qui, réservé plus tard aux seuls religieux de l'abbaye, est dès lors devenu un office de dignité. C'est ainsi que la famille Le Pitancier, en Champagne, a retenu son nom, comme marque d'honneur, de l'office qu'un de ses ancêtres avait rempli près de l'abbé de Saint-Germain-des-Prés, en 1396, et en a conservé les armes parlantes.

On trouve le sceau de ce personnage dans la grande collection des sceaux publiée par les *Archives Nationales* Tome III, Page 161, sceau n° 9,289.

Voici la description de ce sceau :

« Sceau ogival de 48 millimètres, Archives de l'Empire, 1268. »

« Sur un champ guilloché, le Pitancier vu de face, debout sur une terrasse, « tenant de la main droite un large couteau, et de la gauche un poisson. »

Simonne Le Pitancier, probablement sœur de Philippe le Pitancier, fut mariée, vers l'an 1400 avec Robert Cuissotte, Ecuyer, Seigneur de Gizaucourt, de laquelle naquit Jean Cuissotte, Ecuyer, qui obtint, le 23 mai 1447, du Prévôt de Château-Thierry, contre le Procureur du Roi au bailliage du même lieu, une sentence portant qu'il était issu de noble race et descendait de Messire Pierre Balossier, Chevalier, Seigneur de Dormans et comme tel, qu'il était exempt des droits que sa Majesté levait sur les habitants et bourgeois roturiers. (Lainé, *Archives de la Noblesse*, Tome 1er, page 2 de l'article Cuissotte).

La famille LE PITANCIER a formé une branche, à Blois, laquelle était représentée au siècle dernier par :

M. PITANCIER DE MONTIGNY, marié à Mademoiselle SAVART DE MONTIGNY, dont il a eu :

Jacques-Prosper PITANCIER DE MONTIGNY, né en 1795, marié à Mademoiselle MALLART DE ROYS, fille de M. MALLART DE ROYS et de Demoiselle N. DE LA FOUCHARDIÈRE. De ce mariage est issu le fils qui suit :

Auguste PITANCIER DE MONTIGNY né le 1er novembre 1838, non marié.

Armes : Écartelé, au 1 d'or, à un moine tenant un couteau d'une main et un poisson de l'autre ; le tout au naturel qui est de PITANCIER *; au 2, de gueules, fretté de vair, qui est de* LA FOUCHARDIÈRE *; au 3, d'azur, au chevron d'or, accompagné de trois trèfles d'or, qui est de* SAVART DE MONTIGNY *; au 4, d'azur, à une croix ancrée d'or, qui est de* SARREBOURSE.

D'ANSELME

La famille D'ANSELME, en italien d'*Anselmi*, est citée par l'historien Scipion Ammirato comme l'une des plus anciennes de la République florentine. A la suite des guerres civiles qui désolèrent l'Italie au XVe siècle, cette famille vint chercher un asile dans le Comtat Venaissin d'où elle se dispersa en Provence et en Languedoc. Elle a été maintenue dans sa noblesse par jugement de M. de Bezons, en 1666 ; elle compte plusieurs Consuls d'Avignon et des Chevaliers de Malte. En 1789, le Marquis D'ANSELME, Chevalier de Saint-Louis et de Cincinnatus, était Colonel du second régiment d'État-major d'artillerie provinciale.

Cette famille est aujourd'hui représentée :

1° Par M. Victor D'ANSELME, ancien Conseiller à la Cour royale d'Aix qui, de son alliance avec Mademoiselle Caroline DE MASSIX, a quatre enfants ;

Et 2° par MM. Victor, Charles et Ernest D'ANSELME, qui, tous trois, ont postérité.

Armes : d'azur, fretté d'argent de huit pièces. — *Devise : Pro defensione.*

BENAZET

Cette famille Languedocienne tire sa noblesse du Capitoulat de Toulouse dont quatre de ses membres ont été honorés depuis la fin du XV° siècle jusqu'au commencement du XVI°. Elle a produit, en outre, des hommes d'armes des ordonnances, un Juge-mage de Carcassonne, un Contrôleur-général des traites au diocèse d'Alby, un Contrôleur-général des finances au Bureau de Toulouse, un Exempt, premier archer héréditaire du prévôt des Maréchaux de France, un Président trésorier-général des finances en Languedoc, des Consuls des villes d'Auterive et de Saissac, etc.

A cette famille appartenait Jacques BÉNAZET, successivement Directeur de la ferme-régie des jeux de Paris et Fondateur de l'établissement de Bade. Il est mort en 1848, laissant un fils : Édouard BÉNAZET, Chevalier de la Légion d'honneur.

Armes : d'azur, au chevron d'or, accompagné en chef de deux étoiles du même, et en pointe d'une foi d'argent.

SERURIER

Famille originaire du Soissonnais. Parmi ses membres figurent Nicolas SERURIER, Receveur du grenier à sel de Marle, dont les armoiries sont enregistrées officiellement à l'Armorial général de 1696.

Son fils, Louis-Nicolas SERURIER, Conseiller du Roi, Lieutenant général civil et criminel au siége royal et Comté de Marle, en 1739.

Jean-Mathieu-Philibert, Comte SERURIER, né à Laon le 8 Décembre 1742, Maréchal de France de la création, Sénateur, Comte de l'Empire, Pair de France, Grand-Croix de la Légion d'honneur et de Saint-Louis, Gouverneur des Invalides, mort en 1819, ne laissant qu'une fille adoptive, mariée au Général Baron DU KERNOUT D'AVRANGES.

Louis-Barbe, Comte SÉRURIER, Ministre aux États-Unis, en 1812, pendant la guerre de cette République contre l'Angleterre, Pair de France, Grand-Officier de la Légion d'honneur, mort en 1860. Il a laissé deux fils :

1° Georges Comte SÉRURIER, Ministre plénipotentiaire, Commandeur de la Légion d'honneur, mort en 1868 ;

2° Charles Comte SÉRURIER, ancien Préfet, Président des Conférences internationales de la Croix-Rouge en 1867 à Paris ; délégué de la Société de la *Croix rouge*, près les Ministères de la Guerre et de la Marine, pendant la guerre de 1870 à 1871 ; Président de cette Société pendant l'insurrection de Paris en 1871 ; Officier de la Légion d'honneur, Grand'Croix de François-Joseph, etc.

Alliances : Pageot des Noutières, de Fougy, de Caze, de Quesnay, de Liscourt, de Bassano, de Baillet-Latour.

Armes : *de gueules, au lévrier assis d'argent.* — Couronne : *de Comte.* — Devise : *Gladio nobilitas.*

BOZONIER DE L'ESPINASSE

Famille originaire du Dauphiné et que la tradition fait sortir d'un cadet de la maison D'ALBON.

André BOZONIER DE L'ESPINASSE est qualifié par Sa Majesté dans deux actes du 20 décembre 1715 et 31 mars 1716, son « amé et féal, écuyer, conseiller-secrétaire du Roi, Maison et Couronne de France et de ses Finances en sa Cour de Parlement, Aydes et Finances de Dauphiné. » Il avait épousé Marguerite CORRÉARD, et tous deux firent enregistrer leurs armoiries dans l'Armorial général de France dressé en vertu de l'édit de 1696. (*Volume coté : Dauphiné, 10, folios 63 et 430, Cabinet des Titres, Bibliothèque de Richelieu.*) — Le fils d'André BOZONIER et de Marguerite CORRÉARD, nommé Galéan BOZONNIER DE L'ESPINASSE, devint avocat-général à la Cour des Comptes de Dauphiné. Cette famille est actuellement représentée par M. BOZONIER DE L'ESPINASSE, Inspecteur des forêts.

Armes : *d'azur, à une colombe d'argent, tenant en son bec un rameau d'olivier de sinople, surmonté de trois étoiles d'argent rangées en fasce.*

GAUSSEN

Le nom de GAUSSEN est très-ancien en Gascogne; il appartient à une famille qui a formé de nombreuses branches transplantées en bas Languedoc, en Périgord et en Suisse. Louis GAUSSEN, qualifié Écuyer, vivait en 1561; il fut le trisaïeul de Paul GAUSSEN, reçu bourgeois de Genève en 1725, avec Jacques GAUSSEN, son fils puîné. L'aîné de ses fils, Jean-Pierre GAUSSEN, devint Gouverneur de la Banque d'Angleterre qu'il administra pendant trente-cinq ans. Il fut père de Samuel-Robert GAUSSEN, esquire, de Brookman's Park au comté d'Hertfort, Grand shérif dudit comté, membre du Parlement, mort en 1812, laissant six enfants, dont la postérité subsiste encore, comme celle de plusieurs branches collatérales fixées à Genève.

Armes : *d'azur, à une fasce d'or, accompagnée en chef de trois abeilles d'argent, et en pointe d'une brebis du même, passant sur une terrasse de sinople.*

DE MANAS

La maison DE MANAS, originaire de Gascogne, est réputée sortie des comtes D'ASTARAC. Les annales du pays mentionnent ses membres depuis le milieu du XIᵉ siècle.

Raymond-Sanche DE MANAS, Grand-Maître de l'Ordre de la Paix et de la Foi, vivait en 1300. Le Capitoulat de Toulouse cite plusieurs Sires DE MANAS. Cette famille, séparée en plusieurs branches dites des seigneurs d'Avezan, de Rieutor, de Laas, de Lamezan, d'Homps, de St-Germier, de Montbardon, etc., n'est plus représentée que par la branche dite DE PERREQUINES, qui a pour chef M. Jules-Joseph-Dominique DE MANAS, né en 1827.

Les armes de la maison DE MANAS, sont : *d'azur, la croix d'argent alesée, à la bordure du même, chargée de dix tourteaux de gueules.* — Devise : *Memini et permaneo.*

DE LA CORBIÈRE

La maison DE LA CORBIÈRE est une des plus anciennes du Maine. Elle a été maintenue dans sa noblesse en 1635, 1668 et 1670. François-Honoré-Hyacinthe DE LA CORBIÈRE, né en 1715, reçu page dans la grande écurie du Roi, en 1731, justifia qu'il était fils de Charles-Guillaume DE LA CORBIÈRE, Écuyer, Seigneur de Juvigné et de la Chapelle-Craonaise, lequel était issu de Bertrand DE LA CORBIÈRE, Écuyer, Seigneur dudit lieu, vivant en 1517, et fils de René, Seigneur DE LA CORBIÈRE et d'Éléonore DE VILLIERS. Le chef actuel de cette famille est M. Robert-François-Yves, marquis DE LA CORBIÈRE-JUVIGNÉ, résidant au château de la Coste, près Thouard. Alliances : de Charnacé, de Cornesse, de Fontenelles, de Mégaudais, de la Monneraye, Pidoux de la Rochefaton, de Poulpry, etc.

Cette famille porte : *d'argent, à un lion de sable, langué, armé et couronné de gueules.*

CATALAN DE LA SARRA

Famille Lionnaise qui a pour auteur Jean-Pierre-François CATALAN, Seigneur de la SARRA et de LONGCHÈNE, Conseiller du Roi, avocat-général au Parlement de Dombes, suivant des lettres de provisions de Louis XV, du 1er mai 1771, Lieutenant-général en la Sénéchaussée et Siége présidial de Lyon, etc., lequel épousa à Madrid, en 1776, Demoiselle Marie-Geneviève-Salvador de TREMOUILLES, de laquelle naquit Charles-Fabien CATALAN DE LA SARRA, marié, le 12 mai 1803, à Demoiselle Ferdinande-Émilie DE TREMOUILLES, fille de Jacques-Ézéchiel, Président en la Cour des Monnaies de Paris, dont M. Auguste CATALAN DE LA SARRA, qui, de son union avec Mademoiselle Jenny DIONIS, a eu un fils : Charles-André CATALAN DE LA SARRA.

Armes : *Écartelé, aux 1 et 4, d'or, au porc-épic de sable; aux 2 et 3, d'azur, à l'étoile d'argent.*

COLLIN DE GEVAUDAN

Cette famille a pour berceau le Bourbonnais et remonte à PERRINET-COLLIN qui fut anobli par le prince Jean, Duc de Bourbonnais, au mois de mai 1413. Parmi ses descendants on compte un Secrétaire et un Écuyer du duc de Bourbonnais, un Capitaine de Chevau-légers en 1568, un Page de la Chambre du Roi, plusieurs Officiers supérieurs, enfin un Procureur-général près les cours supérieures de l'Inde (1814). Elle s'est alliée aux de Badier, du Buisson de Douzon, de Champeaux, Favre de Longry, des Haires de Gevaudan, Joly de Bévy, Suremain de Flamerans, etc.

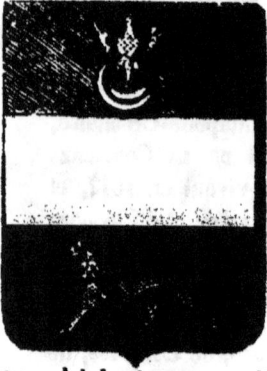

Les armes de la branche aînée de la famille COLLIN sont : tiercé en fasce au 1 de sinople, à l'aigle d'or, au vol éployé, soutenu d'un croissant d'argent; au 2 d'argent; au 3 de sable, au lion léopardé d'or. L'écu de la branche des comtes DE GÉVAUDAN est : d'azur, au sautoir d'argent, chargé en cœur d'une aigle de sable au vol éployé et accompagné en pointe de trois tiges de lis d'argent mouvant de la pointe.

DE PELLICOT

Cette famille, habituée en Provence depuis le XVe siècle, a contracté les alliances les plus honorables, telles que celles d'Agoult, Colliot de la Hattais, Guyot du Puget, de Grasse du Bar, Paul de Châteaudouble, de Revest, etc.

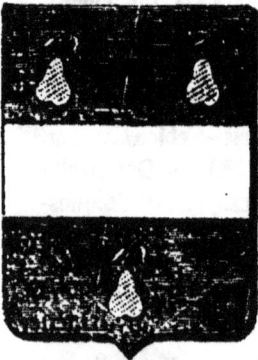

Parmi ses membres nous signalerons Jean DE PELLICOT, Capitaine, deux fois Consul d'Aix ; Antoine, Maître rational à la Cour des Comptes de Provence; autre Jean DE PELLICOT, Premier Conseiller en la Sénéchaussée d'Aix (1572); François DE PELLICOT, aumônier de la reine Anne d'Autriche ; enfin, Jean-Baptiste-André DE PELLICOT, correspondant de la Société nationale d'Agriculture de France et Chevalier de la Légion d'honneur.

Armes : d'azur, à une fasce d'argent, accompagnée de trois poires d'or, 2 en chef, et 1 en pointe.

LE BÈGUE DE GERMINY

Maison originaire de Lorraine, répandue en Bretagne et dans l'Ile de France. Elle remonte à VIAN-PISTON LE BÈGUE, Seigneur de GERMINY, auditeur des Comptes de Lorraine en 1591. Il obtint des lettres de *gentillesse* en 1631.

Parmi ses descendants on remarque Charles LE BÈGUE, Lieutenant-colonel du Régiment de Cuirassiers de Bassompierre (1681); Joseph LE BÈGUE, créé Comte du Saint-empire par diplôme de l'empereur Charles VI, le 13 avril 1714; Léopold-Joseph LE BÈGUE, Comte du Saint-empire, Maître d'hôtel du duc François III; Jean-Antoine, Comte LE BÈGUE, Chef d'escadre par promotion du 2 novembre 1780; etc. Cette maison est aujourd'hui représentée notamment par M. le Comte Charles DE GERMINY, ancien Sénateur, et M. le Comte DE GERMINY, Receveur-général à Rouen.

Armes : *Écartelé, aux 1 et 4 d'azur, à un poisson nommé OMBRE d'argent en face, qui est de : LE BÈGUE; aux 2 et 3, d'azur, à l'écusson d'argent, qui est : DE GERMINY; sur le tout d'argent, à l'aigle d'Empire de sable.*

DE POUILLY

Cette maison, qui a pris son nom du château de Pouilly-sur-Meuse, en Barrois, a fourni des combattants aux guerres d'outre-mer, des chevaliers bannerets, des capitaines d'hommes d'armes, des gouverneurs de places, des maréchaux et sénéchaux de Barrois, des gentilshommes de la chambre des rois François Ier et Henri IV, des officiers-généraux, des chanoines-comtes de Brioude et de Lyon, etc. Elle a joui des honneurs de la Cour en 1775; et, parmi ses plus récentes alliances, on compte celles de Briey, de Chamisso, de Coudenhove, de Dietrichstein, de Franchessins, d'Herbemont, de Lardenois, de Ligniville, de Mecquenem, de Saluces, de Vassinhac, etc.

La branche aînée des DE POUILLY est représentée en France par Louis-Anselme, Marquis DE POUILLY, chef de nom et d'armes de cette maison, né le 2 décembre 1801, marié à Jeanne-Alexandrine DE SALUCES ; de cette union est issu :

Ludovic-Charles-Albert, Comte DE POUILLY, né le 3 septembre 1815.

La branche cadette a pour représentant actuel, en Allemagne, Alphonse-Frédéric, Comte DE MENSDORFF-POUILLY, né le 25 janvier 1810, Membre de la Chambre des Seigneurs de l'Empire, qui a épousé : 1° en 1813, Thérèse-Rose-Françoise, Comtesse DE DIETRICHSTEIN ; et en deuxième noces, le 31 mai 1803, Marie-Charlotte, Comtesse DE LAMBERG. Du premier lit sont issues deux filles.

Armes : *D'argent, au lion d'azur, armé, lampassé et couronné de gueules.* — Devise : *Fortitudine et caritate.*

TRIPPIER DE LA GRANGE

La famille TRIPIER ou TRIPPIER, établie dans l'Anjou et le Maine, a donné un Connétable de la ville d'Angers en 1570, un Lieutenant-général de Touraine, Anjou, Perche, Vendômois et Loudunois en 1576, un Capitaine de soixante hommes de guerre en 1597, plus-tard Archer de la Garde du roi Henri IV; des conseillers et procureurs du Roi en l'Élection de Mayenne, de 1700 à 1750, etc. L'Armorial-général de France, dressé en vertu de l'édit de 1696, mentionne de cette famille les sieurs DE BEAUVERGER, DU BOIS, DE LA FRESNAYE et DE LA GRANGE. Elle est aujourd'hui représentée par MM. TRIPPIER DE BOIS-LOZÉ et DE LA GRANGE, qui résident dans le département de Maine-et-Loire.

Les armes sont pour la branche aînée des Seigneurs DE LA FRESNAYE et DE BEAUVERGER : *Écartelé, aux 1 et 4 de gueules, à trois trèfles d'or, 2 et 1,* qui est DE TRIPPIER ANCIEN ; *aux 2 et 3 d'azur, à deux mains de carnation : l'une, mouvante du flanc dextre, vêtue de pourpre, tient un poignard d'or, la pointe en bas; l'autre, vêtue de gueules et mouvante du flanc senestre, l'arrête par le bras.* Pour TRIPPIER DE LA GRANGE : *d'azur au chevron d'or, accompagné de trois pieds humains d'argent, au chef d'or chargé de trois étoiles de gueules.*

CAMUS DE PONTCARRÉ

La famille CAMUS DE PONTCARRÉ est d'origine Bourguignonne. Elle se divisa en deux branches principales qui ont formé plusieurs rameaux répandus en Lyonnais, en l'Ile-de-France, en Normandie et en Orléanais. Nicolas CAMUS, Écuyer, Seigneur de Marcilly, Capitaine d'Auxonne, vivait en 1412. Son fils puîné, Jean CAMUS, épousa Antoinette DE VIGNOLS, dame DE PONTCARRÉ, qui lui donna, entr'autres enfants, Geoffroi CAMUS, Écuyer, Seigneur DE PONTCARRÉ, Premier président au Parlement de Provence en 1588, Contrôleur-général des finances et membre du Conseil de régence de Louis XIII. De lui était issu Jean-Baptiste-Élie CAMUS DE PONTCARRÉ, Chevalier, Marquis de Viarmes, Intendant en Bretagne en 1734, aïeul paternel de Marie-Antoinette CAMUS DE PONTCARRÉ, mariée au Marquis DE PONTOIS et dont le fils a été, par décret impérial du 25 août 1850, substitué aux noms et armes de CAMUS DE PONTCARRÉ.

Armes : *d'azur, à une étoile d'or accompagnée de trois croissants d'argent.* — Devise : *Justitia est potentia regum.*

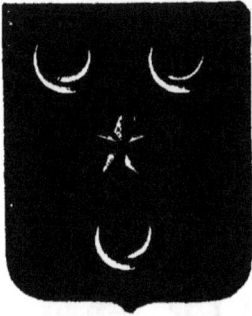

PANDIN DE NARCILLAC

Successivement répandue en Poitou, en Angoumois, en Saintonge, en Aunis et en Languedoc, la maison PANDIN prouve par titres une grande ancienneté. En 1667, son chef, Pascal PANDIN, Écuyer, Seigneur DES PAILLANDIÈRES, fut, maintenu, avec son père, dans sa noblesse, par arrêt du Conseil d'état du Roi du 7 juillet de ladite année.

Cette maison est aujourd'hui séparée en trois branches : celles DE NARCILLAC, DE St-HIPPOLYTE et DE LUSSANDIÈRE. Ses alliances sont avec les Benoît de la Prunarède, de la Briffe, de Court, d'Espinassy, de Seynes, Terray de Morel-Vindé, etc.

Les représentants actuels de la branche DE NARCILLAC sont :

1° Renée-Christine TERRAY, Comtesse douairière DE NARCILLAC ;

2° Ernest, Comte DE NARCILLAC, chef du nom, marié, le 10 Juin 1854, à Hélène D'ESPINASSY DE FONTANELLES ;

3° Charles, Vicomte DE NARCILLAC, Officier de cavalerie, marié le 16 avril 1861, à Denise TERRAY DE MOREL-VINDÉ, dont une fille :

Et 4° Agathe DE NARCILLAC, mariée le 18 Octobre 1818, à Arnould-Camille, Marquis DE LA BRIFFE;

Ceux de la branche DE LUSSANDIÈRE, sont :

1° Théodore PANDIN DE LUSSANDIÈRE, marié et père de plusieurs enfants ;

2° Hermance PANDIN DE LUSSANDIÈRE, mariée, en Octobre 1834, au Chevalier DE COURT ; ils habitent l'Angoumois.

Armes : D'azur, à trois pals d'argent, au chef cousu de gueules, chargé de deux fasces d'or, à la bande du même brochant.

PINEL DE GOLLEVILLE

La famille PINEL DE GOLLEVILLE est originaire de Normandie, et compte parmi les plus anciennes de cette province où elle a été maintenue dans sa noblesse, en 1666. Sa filiation régulière est prouvée depuis Jean PINEL, Écuyer, connu par un contrat passé, le 18 juin 1402, avec Guillot MOREL, sieur DE PRÉTOT, dont il épousa peu après la fille et héritière, qui lui apporta en dot des biens assez considérables. De son fils, François PINEL, Écuyer, sieur DE VALJOUEST, descendaient à la septième génération : Adrien-François PINEL, sieur GOLLEVILLE ; Louis-Marie-François PINEL DE GOLLEVILLE et Jean-Charles-Adrien PINEL DU QUESNOY, frères, qui assistèrent à l'assemblée de la noblesse des Élections de Valogne et de Saint-Sauveur-le-Vicomte, convoquée pour la nomination des députés aux États-généraux de 1789.

Cette famille, actuellement représentée notamment par M. DE GOLLEVILLE, Docteur-médecin à Paris et M. DE GOLLEVILLE, demeurant à Fort-de-France, (Martinique), porte : D'or, à une bande de gueules, et un lion de sable brochant.

GONDIER DE CRAYE

Originaire du Nivernais, la famille GONDIER DE CRAYE, porte dans des chartes du XVIᵉ siècle les qualifications nobiliaires.

Elle s'est divisée en plusieurs branches, comme celle des GONDIER DE CRAYE a, elle-même, formé divers rameaux. Palamède GONDIER, Conseiller-Secrétaire du Roi, résigna son office en 1583. Les armes de Simon GONDIER, Procureur du Roi au bailliage de Bourgogne, furent enregistrées dans l'Armorial général de France de 1696. (Volume cotté Bourgogne, tome II, page 477.)

Il eut pour fils Joseph-Marie GONDIER DE CRAYE, père, entr'autres enfants, de Bernard GONDIER DE CRAYE, Procureur du Roi en la Maréchaussée de Nevers, élu Échevin de cette ville, et marié en 1755 avec demoiselle Claude Roux, bisaïeule maternelle du représentant actuel de cette famille, M. Antoine-Charles GONDIER DE CRAYE, qui n'a pas de représentant mâle.

Armes : *d'argent, à deux merlettes de sable posées l'une sur l'autre.*

SALOMON DE LA CHAPELLE

Fixée en Vivarais dans le cours du XVIIᵉ siècle, la famille DE SALOMON n'a cessé depuis lors de donner des officiers distingués à nos armées. Jean-Pierre SALOMON, Consul de Mezillac eut, entr'autres enfants, Lancelot, André et Isaac DE SALOMON, tous trois Capitaines. De l'aîné naquit Pierre-Antoine SALOMON DE LA CHAPELLE, mort en 1773, laissant, entr'autres enfants, Mathieu DE SALOMON DE LA CHAPELLE, Écuyer, Capitaine-commandant au Régiment de Bretagne, infanterie, en 1782 et décoré de l'ordre de Saint-Louis, le 31 mai 1783. Il est l'aïeul de M. Marie-Antoine-Amédée DE SALOMON DE LA CHAPELLE, marié en 1850 à Mademoiselle Marie LENOBLE, dont il a deux enfants.

Armes : *d'azur, parti d'un trait de sable, au 1 à trois bandes d'or, au 2 à une barre d'or.* — Devise : *Nec vi, nec metu.*

DE MONTFORT

Maison d'ancienne chevalerie de la province de Normandie qui a formé plusieurs branches.

Jules-Anne DE MONTFORT, Vicomte DE VILLETTE et DES FOUNS, entra au service en 1713, en qualité d'Enseigne de la Colonelle du Régiment de Champagne, devint Capitaine et fut pourvu de l'office de Lieutenant des maréchaux de France au bailliage de Reims, en 1725. Son arrière-petit-fils, le général vicomte Philogène DE MONTFORT, compte les plus beaux états de services ; il a eu de son union avec Mademoiselle Louise-Clotilde-Caroline HENNEQUIN, fille du célèbre jurisconsulte, trois enfants.

Armes : Écartelé, aux 1 et 4 d'argent, à trois trèfles de gueules posés 2 et 1, qui est : DE MARIE ; aux 2 et 3 de gueules, au lion d'argent, la queue nouée, fourchue et passée en sautoir, qui est : DE MONTFORT-GAEL ; sur le tout : de gueules, à une croix d'hermines, gringolée d'or. — Devise : Potius mori quam fœdari.

VINCENT DE PANETTE

La famille VINCENT, après avoir figuré avec honneur dans l'échevinage de Lyon de 1521 à 1562, alla plus tard se fixer dans la principauté de Dombes. Messire Gaspard DE VINCENT, Seigneur de PANETTE, Conseiller au présidial de Lyon, puis maître des requêtes au parlement de Dombes, fut père de François DE VINCENT, Écuyer, Secrétaire du roi maison et couronne de France et de la Chancellerie près la cour des Monnaies de Lyon. Son fils, Messire Jean-François-Gaspard DE VINCENT, Seigneur DE PANETTE et autres lieux, devint grand Bailli et Gouverneur de la principauté de Dombes, et son arrière-petit-fils, M. Alphonse DE VINCENT, Marquis DE PANETTE, est chef actuel de sa famille, qui porte : de gueules, au foudre d'or lié et lancé d'argent, ailé d'azur. — Devise : Omnia virtuti cedunt..

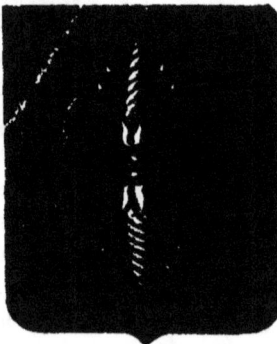

CHAUVEAU DE KERNAERET

Famille connue dans l'évêché de Cornouailles en Basse-Bretagne, dès le commencement du XVII° siècle. Noble homme Antoine CHAUVEAU, vivant à Carhaix en 1610, fut père d'Alain CHAUVEAU, sieur de Neufmaison, Procureur et Priseur au Siége royal de ladite ville, qui s'unit à Catherine LE ROUX, dame DE KERNAERET en la trève de Saint-Quigeau, paroisse de Plouguer-Carhaix. Leur petit-fils, « Guillaume CHAUVEAU, sieur DE KERNAERET et DE COATANHU, Conseiller du Roi et son Procureur au Siége royal de Carhaix, » a eu lui-même pour petit-fils M. Joseph-(alias Louis)-Hyacinthe-Marie CHAUVEAU DE KERNAERET, dernier représentant mâle de sa famille, successivement Garde-du-corps du roi Louis XVIII, Capitaine au 49° Régiment de ligne le 13 avril 1830, retraité Chef de Bataillon, et Membre du Conseil-général du Finistère.

Armes : *d'azur, au léopard d'or, au chef d'argent, chargé de trois étoiles de gueules.*

DE GEOFFRE DE CHABRIGNAC

Établie en Dauphiné, la famille DE GEOFFRE DE CHABRIGNAC est originaire du Limousin. Sa généalogie comprend quinze degrés de filiation jusqu'à Gérard DE GEOFFRE, Marquis DE CHABRIGNAC, Brigadier des armées du Roi, mort au service en 1779, à la fleur de l'âge. Cette famille, qui compte des Officiers de mérite et des Chevaliers de Malte, a des alliances avec celles d'Aurussac, de Brémont, de la Bonninière de Beaumont, de Bossac, de Cosnac, de Lostanges, de la Padelle, du Puy-Montbrun, de Sabran, etc.

Actuellement représentée par M. le Marquis Charles DE CHABRIGNAC, père de deux fils, et par MM. les Comtes Ferdinand et Alfred DE CHABRIGNAC, cette maison porte : *Palé d'argent et de gueules de six pièces, au chef fascé d'azur et d'or de six pièces.*

DE MONTÉTY

La famille DE MONTET ou MONTÉTY était connue en Rouergue dès la fin du XIV° siècle. Ses alliances directes avec celles d'Albis de Gissac, de Calmels, de Cardon, Coquille de Champfleury, de Gualy de Saint-Rome, de Marcorelles, de Sambucy, de Solages, etc., n'ont pas moins contribué à son éclat que les services militaires de ses membres. M. Paulin-Aimé-Jules DE MONTÉTY, d'abord Garde-du-corps du Roi, compagnie de Wagram, puis Capitaine au 49° Régiment d'infanterie de ligne, le 19 février 1823, donna sa démission en 1830. Il fut père de M. Paul-Gaston DE MONTÉTY DU POUGET, marié en 1862 à Mademoiselle DE GUALY DE SAINT-ROME.

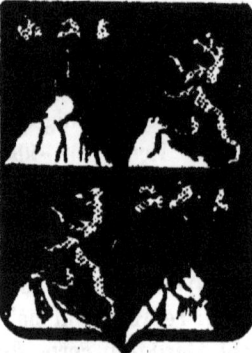

Armes : *Écartelé, aux 1 et 4 d'azur, à un rocher d'argent surmonté de trois chênes d'or rangés en chef ; aux 2 et 3 d'azur, à un lion d'or rampant sur un rocher d'argent.* — Devise : *Virtus et robur.*

RABUAN DU COUDRAY

Originaire de Bretagne, la famille RABUAN y est connue depuis le XV° siècle. Plusieurs de ses membres ont rempli l'office de Passe à une époque où il était presque exclusivement exercé par la noblesse. Le chef de cette famille, M. Paul RABUAN DU COUDRAY, Conseiller à la Cour d'Appel de Rennes, fut nommé Député à l'Assemblée constituante de 1848 par les électeurs du département d'Ille-et-Vilaine. De son union avec Mademoiselle Thérèse-Marguerite-Anne BELLIER DU VERGER, il a eu un fils, Paul-Henri-Marie RABUAN DU COUDRAY. Alliances : de Bérard des Gravelles, du Bouais de Boisrobert, Chevré de Bois-Coûellan, Ferron du Chesne, de Gauteron, de Langan, etc.

Armes : *d'argent, à trois rocs d'échiquier de gueules, celui de la pointe soutenu d'un chevron renversé et alésé du même, à la bordure de sinople.*

FROC DE GENINVILLE

Famille originaire du Gâtinais, descendant, en ligne directe, de Jacques Froc DE GENINVILLE, Conseiller du Roi et son Procureur en l'Élection de Pithiviers et au Bailliage Royal d'Yèvre-le-Châtel.

Jacques Froc DE GENINVILLE, fit avec Frédéric-Louis Norden, le voyage d'Egypte et de Nubie, en 1737, et l'accompagna dans ses expéditions les plus périlleuses. Chargé par le Pape Clément XII, d'une mission à Jérusalem, il reçut du souverain pontife la croix de Chevalier de l'Éperon d'or, et le titre de Comte de Saint-Jean de Latran.

Plusieurs membres de cette famille occupèrent diverses charges dans la Magistrature.

Chef actuel : M. Pierre Froc DE GENINVILLE, marié à Mlle Eléonore-Julie Bourdot, dont : 1° Louis-Paul Froc DE GENINVILLE ; 2° Marie-Eléonore Froc DE GENINVILLE.

Armes : *de Sinople, au cœur soutenant une croix potencée, accompagné de deux palmes, le tout d'argent ; au chef d'azur, chargé d'une étoile aussi d'argent.* — (Ancien Cachet de 1736).

DE MAUROY

Famille originaire d'Artois où l'on cite Robert Mauroy vivant en 1080.

Elle prouve son existence à Troyes dès l'an 1200.

Nicolas DE MAUROY, marié à Antoinette-Louise Le Fénon, mort à Troyes en 1870, a laissé :

1° Charles-Nicolas DE MAUROY, mort en 1875, laissant de son mariage avec Eugénie-Gény DU Bienne :

A. Adrien-Charles DE MAUROY.

2° Adrien-Henry DE MAUROY, marié à Albertine van Pouille, dont il a eu :

A. Albert DE MAUROY.

Armes : *d'azur, au chevron d'or, accompagné de trois couronnes ducales du même.* — Devise : *Dampné n'est pas qi no le croy.* — Supports : *deux griffons.* — Couronne : *de Marquis.*

6

TARDIF DE MOIDREY

La famille TARDIF, des Seigneurs de Vauclair, de Moidrey, du Désert, d'Amayé et de Petitville, fut successivement maintenue dans sa noblesse en 1598, 1599, 1634, 1657, 1666 et 1670. Elle est originaire de Normandie et ses représentants, tant ceux de cette province que ceux fixés en Lorraine, ont comparu aux assemblées de la Noblesse, en 1789. Elle a produit le Général TARDIF DE MOIDREY, commandant en chef des troupes impériales chinoises, tué en 1863, et dont trois frères subsistent, tous enfants de Jean-Alexandre TARDIF DE MOIDREY, Chef d'escadron d'artillerie, mort en 1860, et de Demoiselle Frédérique-Louise-Auguste GERARD-D'HANNONCELLES, fille du Baron d'Hannoncelles, Premier président de la cour royale de Metz sous la Restauration.

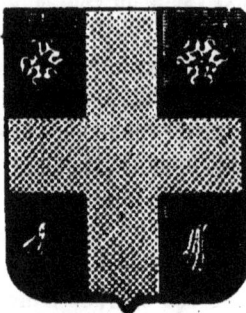

Armes : *d'azur, à la croix d'or, cantonnée en chef de deux roses, et en pointe de deux coquilles, le tout d'argent.* — Devise : *Tardif haste-toy.*

DE LIGNIVILLE

La maison DE LIGNIVILLE, est l'une des quatre de haut parage et d'antique chevalerie de Lorraine, communément appelées *les Quatre Grands Chevaux de Lorraine,* et aujourd'hui la seule existante. Sa filiation régulière est établie depuis l'an 1172 et ses membres ont successivement occupé les plus éminentes charges à la Cour de Lorraine. Il serait superflu de les rappeler ici, ainsi que les nombreuses alliances qui l'apparentent à toutes les races illustres de la France. Elle est aujourd'hui représentée notamment par M. Amédée, comte DE LIGNIVILLE, (Comte DU SAINT-EMPIRE,) chef des nom et armes de sa maison, né à Épinal en 1823, et par M. Gaston de LIGNIVILLE, né à Saint-Mihiel en 1838.

Armes : *Losangé d'or et de sable.*

DE VITON

Cette famille tire son origine de la Grande Bretagne. Jean DE VITON, décédé en 1453, fut père de René DE VITON, mort lui-même en 1508. De celui-ci était issu à la septième génération Étienne DE VITON, élu Premier consul de la ville de Peyruis en Provence, le 1ᵉʳ janvier 1739, père de M. DE VITTON DE SAINT-ALLAIS, connu pour ses travaux généalogiques, et de Joseph DE VITON, qui, par son union avec Thérèse DE BARRAS, est l'aïeul de M. Charles-François-Juste-Martial DE VITON, créé comte de Saint-Jean de Latran et décoré de l'Ordre de Saint-Sylvestre, en 1835. Il a de son mariage avec Mademoiselle Angélique-Louise-Camille DE MARNIÈRE DE GUER cinq enfants.

Armes : *d'azur, au chevron d'or, accompagné de cinq fusées de même, 3 en chef et 2 en pointe ; à la bordure d'hermines, chargée de huit couronnes du second émail.*

JALLAN DE LA CROIX

Anoblie pour services militaires par lettres de patentes du 3 mai 1577, expédiées de Nancy, en faveur de Didier JALLAN DE LA CROIX, demeurant à Noyers et enregistrées sans finance, l'année suivante, la famille JALLAN, qui compte un Conseiller du duc de Lorraine, un Capitaine de la ville de Remiremont et plusieurs Officiers tués au service de la France, a produit devant d'Hozier ses titres pour l'admission d'un de ses membres à l'École royale militaire. Alliée aux Bicquilley, de Carles, de Gironde, de Klopstein, Larival, de Ligniville, Urbain, etc., cette famille, qui a pour chef M. Antoine-Maximilien JALLAN DE LA CROIX, père de quatre enfants, porte : *D'argent, à deux mufles de léopard de gueules allumés d'or, lampassés d'azur, flanqué de gueules, à deux croix pattées d'or.*

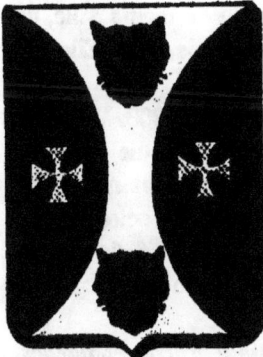

MERCERON

Répandue du Poitou en Bretagne, en Touraine, dans le Perche et l'Ile de France, la Famille MERCERON est connue par des chartes des années 1411 et 1469. Jacques MERCERON, demeurant à Paris, épousa en premières noces, en 1568, Marie NOYAU, qui ne lui donna que des filles, mariées dans les familles Hullon, Bouchard, du Lac de Chamerolles, Arnault et Busseaud. Il eut de sa seconde femme, Marie CHARRON, deux fils, dont l'aîné a continué la postérité qui a contracté des alliances avec les Hoguet, de Lorido, le Maire, etc. Cette famille est aujourd'hui représentée en Angleterre par M. Henri MERCERON, ... u de François MERCERON, émigré en Angleterre en 1689, après la révocation de l'édit de Nantes.

Elle porte : *d'azur, à deux chevrons d'argent, accompagnés en chef de deux étoiles d'argent, et en pointe d'un croissant du même.*

JOSSON DE BILHEM

La famille JOSSON est venue d'Irlande en Flandres à l'époque des persécutions exercées contre les catholiques. Elle a produit plusieurs Avocats au Parlement de Tournay, un Conseiller au Présidial de la même ville, un Conseiller au Parlement de Paris, etc. Elle est actuellement représentée : 1° par M. Louis JOSSON DE BILHEM, qui a épousé le 2 février 1800, Mademoiselle Henriette DE DION, fille du Marquis Henri de Dion ; 2° par M. Émile JOSSON DE BILHEM, frère du précédent, qui a contracté alliance, le 2 octobre 1800, avec Mademoiselle Henriette DE GUIONÉ, de laquelle sont nées deux filles, Marie-Louise et Marguerite

JOSSON DE BILHEM.

Cette famille porte : *D'azur, à trois cors de chasse d'argent, enguichés, virolés et embouchés d'or, posés 2 et 1.*

DU LYON DE ROCHEFORT

Établie en Champagne, mais originaire de Bourgogne, la famille DU LYON est connue depuis le milieu du XVI⁰ siècle. Elle a été maintenue dans sa noblesse par M. de Gremonville, intendant en Champagne. Dans la descendance de cette famille, alliée aux Dupuy-Desillets, de Gondran, Jacquinot, Martin de Choisey, de Mollerat, de Rance, Sauvage, etc, on compte un Gouverneur de la Guadeloupe et des Officiers supérieurs de cavalerie et d'infanterie. Cette famille est aujourd'hui représentée par M. Louis-Charles-Émile-Pierre-Joseph DU LYON DE ROCHEFORT, fils de Jean-Joseph, Conseiller à la Cour d'Appel de la Guadeloupe ; elle porte : *d'or, semé de croisettes de sable, au lion du même armé et lampassé de gueules brochant.*

LEFÉBURE DE SAINT-ILDEPHONT

Venu d'Espagne en France à la tête de soixante hommes de guerre au service du roi Philippe-Auguste, Vincent DE SAINT-ILDEPHONT, gentilhomme originaire de la ville de Tolède, épousa en l'année 1166, à Sainte-Croix-sur-Orne, Anne-Madeleine LEFÉBURE, riche héritière, dont il prit le nom, par substitution testamentaire de son beau-père. Il obtint, aux termes d'une charte du 15 Septembre 1192, une concession de terre à Culan en Brie, pour y construire un château. Son fils, Alphonse LEFÉBURE DE SAINT-ILDEPHONT, qualifié Baron, mourut en 1231, laissant Bernard LEFÉBURE dont l'arrière-petit-fils, Antoine LEFÉBURE DE SAINT-ILDEPHONT, Seigneur du Cruchet et de Sainte-Croix, est également qualifié Baron, dans une charte de 1391. Il mourut en 1420 et sa descendance est prouvée jusqu'à Guillaume-René LEFÉBURE DE SAINT-ILDEPHONT, Chevau-léger de la maison du roi Louis XVI, dont un fils, chef actuel de sa maison.

Armes : *d'azur, au chevron brisé d'or, accompagné de trois croissants d'argent, 2 en chef et 1 en pointe.*

LE MAIRE DE LA NEUVILLE

Tirant son origine de la province de Picardie où elle occupait un rang distingué dès le XIV° siècle, cette famille a été confirmée dans les prérogatives de sa noblesse d'extraction, par Jugement de M. de Bernage, Intendant de Picardie, en 1667. Ses membres ont tour à tour occupé des fonctions civiles et militaires élevées, et ses alliances n'ont cessé d'être prises dans la meilleure noblesse.

Jacques-François-Joseph LE MAIRE DE LA NEUVILLE, Chevalier, né en 1752, émigré et mort en Hollande en 1800, a laissé :

Jacques-François-Joseph LE MAIRE DE LA NEUVILLE, qui, de Madeleine-Victoire TESTART DU VALIVON, a eu : Jacques-Auguste LE MAIRE DE LA NEUVILLE, père d'un fils, et d'une fille mariée au Marquis DE LA CHATEIGNERAYE.

Armes : *de gueules, à trois croissants d'argent ; aliàs : d'azur, à trois croissants d'or.*

DE LARIS

La famille DE LARIS, originaire du lieu de Corsavy dans la province du Roussillon, a rempli des emplois de magistrature élevés. Jean DE LARIS était, en 1650, Conseiller au Conseil souverain de Roussillon. Son fils, Henri DE LARIS, résidant à Gourdon en Quercy, fit enregistrer ses armes dans l'Armorial général de France dressé en vertu de l'édit de 1696 (*Registre coté Toulouse, folio 1033, manuscrit de la Bibliothèque de Richelieu.*) Jean-Baptiste DE LARIS, petit-fils de de celui-ci, eut de son mariage avec Élisabeth DE CAMDEILL deux fils : 1° Joseph, qui, de Demoiselle DELHOM-BASCHE, a eu deux enfants ; et 2° Jean-Baptiste, qui a épousé Mademoiselle JARLÉ-MONGNENTE, également mère de deux garçons.

Armes : *De gueules, à un poisson d'argent en fasce, accompagné de trois merlettes du même.*

DE LIÉGEARD

Famille de Bourgogne originaire de la Picardie. Jean-Bénigne LiéGEARD, né à Dijon en 1733, Greffier-général des consuls de la ville d'Auxerre, épousa Marie-Anne GARNIER, de laquelle il eut : 1° Georges-Bénigne LiéGEARD, Préfet des Hautes-Alpes ; 2° Jean-Xavier LiéGEARD, né à Auxerre en 1771, Sous-intendant militaire de première classe, qui, par ordonnance du roi Louis XVIII, en date du 25 juin 1821, fut « décoré du titre de baron, » avec transmission à ses descendants directs, légitimes, de mâle en mâle, par ordre de primogéniture, avec les armoiries timbrées ci-dessous décrites. De son union avec demoiselle Justine COTTY sont nés plusieurs enfants, dont l'aîné, le général baron DE LiéGEARD, (Paul-Ernest-Xavier), a été créé lui-même baron par décret impérial du 12 mars 1861 ; il a aussi plusieurs enfants.

Armes : *Parti, au 1 d'argent, à trois chevrons de gueules; au 2, d'azur, à une tour d'argent maçonnée de sable.*

DE RUFZ DE LAVISON

La tradition fait venir cette famille d'Allemagne et le surnom DE LAVISON, est le nom d'un fief qu'elle a longtemps possédé dans la Sénéchaussée de St-Macaire, en Guienne, et pour lequel Marguerite DE PARTARIEU, veuve de Louis-Odet DE RUFZ DE LAVISON, rendit hommage au Roi, le 11 août 1725. Leur fils, Jacques DE RUFZ DE LAVISON, est l'aïeul des représentants actuels de cette famille qui, à l'époque de la Révolution, passèrent aux Colonies où ils ont formé des établissements. Alliée aux Darricau, de Fouques, de Luc, Delugat, de Tachoire, etc., cette famille est aujourd'hui représentée par MM. Jacques, Étienne et autre Jacques DE RUFZ DE LAVISON.

Armes : *D'azur, à une fasce d'argent, surmontée de trois étoiles d'or rangées en chef.*

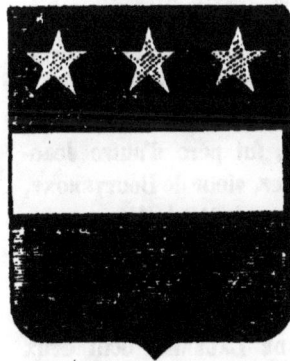

DE SATGÉ

Très-anciennement connue en Roussillon, la famille DE SATGÉ DE THOREN avait pour représentant, à l'époque de la Révolution, Cosme de SATGÉ, douzième Baron DE THOREN, Seigneur haut justicier de Pys, Huiteza et Thoren. Il épousa, en 1792, Françoise-Fauste DE SAINT-JEAN, de laquelle sont nés : 1° Ernest DE SATGÉ-SAINT-JEAN, Vicomte de Saint-Jean, marié en 1832 à Caroline, fille unique de Sherrington SPARKES, esquire, dont quatre enfants : 2° Josep-Oscar DE SATGÉ, treizième Baron DE THOREN, marié en 1836 à Millicent, fille unique de William WALL, esquire, mère de trois enfants ; 3° et Antoine DE SATGÉ, marié en 1839 avec Henriette ROWLEY, fille de lord Langford, dont deux enfants.

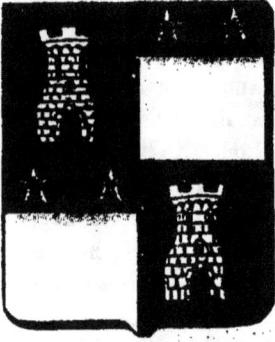

Armes : *Écartelé, aux 1 et 4 d'azur, à une tour d'argent ouverte ; aux 2 et 3 d'argent, au chef de sable, chargé de deux étoiles d'or. — Devise : Suivez-moi !*

REGNAULT DE BOUTTEMONT

Les REGNAULT, sieurs de Bouttemont, de Montfermeil, de Domjean et autres lieux, sont originaires de Saint-Lô, en Normandie. Didier REGNAULT, Écuyer, sieur desdits lieux, fit enregistrer ses armoiries dans l'Armorial général de 1696 *(Registre coté Caen, folio 103.)* Son neveu, Jean-Baptiste REGNAULT, Conseiller au présidial de Thorigny, fut père d'autre Jean-Baptiste REGNAULT, Écuyer, sieur de BOUTTEMONT, Exempt des Gardes de la prévôté de France, par commission du 1er avril 1719. De lui descend M. Gustave-Alfred REGNAULT DE BOUTTEMONT, né en 1815, chef actuel de sa famille, et qui a épousé en 1845 Mademoiselle Marie-Sidonie DE MIETTE DE LAUBRIE, dont deux enfants.

Armes : *d'argent, à une croix ancrée de sable.*

WITASSE DE THÉSY

Cette ancienne famille, originaire de Picardie, était en grande considération dès l'an 1500, époque, à laquelle l'un de ses membres épousa Jeanne DE MAILLY l'une des plus riches et plus illustres héritières de cette province. Elle a fourni un grand nombre de Gardes du corps du Roi, d'Officiers de distinction et de Chevaliers de Saint-Lazare, de Malte et de l'Ordre royal et militaire de Saint-Louis.

La souche principale s'est divisée en trois branches savoir :

1° Celle de Thézy et Vermandovillers ; 2° celle de d'Acheux ; 3° et celle de Fontaine-les-Cappys.

La première a été maintenue par un jugement du 4 Décembre 1700, rendu par l'Intendant Bignon et sa filiation établie sur titres originaux conservés encore au château de Thézy-Glimont, et sur preuves authentiques, commence à :

I Pierre WITASSE, Ecuyer, Seigneur de Hauteloge, qui fit son testament à Lihons, le 15 juillet 1548. Il avait épousé Jeanne DE MAILLY, dont il a eu :

1° Jean WITASSE, dont on ignore la destinée.

2° Nicolas, qui a formé le degré suivant.

II Nicolas WITASSE, Ecuyer, Seigneur de Hauteloge, de Lihu et de Vermandovillers, marié par contrat du 28 janvier 1559 à Marie CHATELAIN, constitua en dot la somme de 500 livres à sa cousine Marie WITASSE, fille de feu Jacques WITASSE, Ecuyer, Seigneur de Samperoux laquelle était fiancée à noble Jean Thibault, Ecuyer ; il rendit le 12 juin 1491, un aveu et dénombrement de six de ses fiefs dépendant de la seigneurie de Soyecourt.

Il a laissé de son mariage, les enfants ci-après :

1° Aaron, qui continue la descendance ;

2° Nicolas WITASSE, Seigneur de Lihu, auteur de la branche cadette, laquelle fut maintenue en même temps que la branche aînée en 1700, et dont sont sortis les rameaux de d'Acheux et de Fontaine-les-Cappys.

III Aaron WITASSE, Ecuyer, Seigneur de Vermandovillers et de Ricourt, homme d'armes de la compagnie du Comte de Chaulnes, puis de celle du Comte de Saint-Pol, a épousé le 29 novembre 1601, damoiselle Antoinette de Bayencourt, Ecuyer, seigneur de Quinsy, et de Dame Antoinette de Montjean. Il rendit deux aveux et dénombrements les 20 mai 1609 et 24 mai 1628 au prieur de Lihons, Seigneur des Petites Tournelles.

Il épousa en secondes noces une fille de la maison de Noyelles ; de son premier mariage vint.

IV Jacques DE WITASSE, Ecuyer, Seigneur de Vermandovillers et de Ricourt, Capitaine au Régiment du Vidame d'Amiens, qui a épousé le 15 juillet 1629, damoiselle Anne de Collemont, fille de François de Collemont, Ecuyer, Seigneur de Framerville et de Renée Scourion de Tilloy. Il acquitta deux droits de reliefs l'un le 25 octobre 1640 pour un fief échu à son père en la seigneurie de Montauban, et l'autre le 8 Mars 1642, pour la terre de Vermandovillers, tenue en fief par le Seigneur des Petites Tournelles.

A sa mort, sa veuve Anne de Collemont, obtint le 16 mars 1654, la garde noble de ses enfants, dont l'ainé qui suit a continué la descendance.

V Claude DE WITASSE, Ecuyer, Seigneur de Vermandovillers fut d'abord Cornette au régiment de la Reine, puis Lieutenant au régiment de Sourdis, et enfin Lieutenant de la compagnie des Chevau-légers, au régiment de Vintimille, par brevet du 25 octobre 1689 ; il a fait enregistrer ses armoiries à l'Armorial général en 1698.

Il a épousé, le 25 mai 1658, dame Éléonore d'Y, fille de Jean d'Y, seigneur de Briot et d'Anne de Sart, dont il a eu le fils qui suit :

VI Jean-Jacques DE WITASSE, Ecuyer, Seigneur de Vermandovillers, Bayencourt, Omissy, Villecourt, etc, né à Vermandovillers, le 12 novembre 1690, Gendarme de la garde du Roi, requit l'enregistrement de ses armoiries à l'Armorial général de 1696.

Il a épousé, 1° le 17 novembre 1693, Catherine-Elisabeth d'Archibald, fille d'Antoine d'Archibald, Ecuyer, Seigneur de Gaucourt et d'Omissy ; 2° le 29 mai 1723, en la paroisse de Notre-Dame de Briot, au diocèse de Noyon, Marie-Jeanne de Fontaines, fille de Messire Jean-Nicolas-Joachim de Fontaines, Seigneur de Wincourt et de dame Anne d'Amerval. Du second lit sont issus :

1° Claude-Joseph-Barnabé, qui suit.

2° Jacques-Louis DE WITASSE, Chevalier de Gaucourt, né le 8 février 1733 à Vermandovillers, et reçu Chevalier de Malte le 17 août 1760, ayant fait ses preuves de huit quartiers de noblesse.

VII Claude-Joseph-Barnabé DE WITASSE DE VERMANDOVILLERS, Chevalier Seigneur de Vermandovillers, Omissy, Villecourt, etc., né à Villecourt, le 11 juin 1721, fit d'abord partie des deux cents chevaux-légers de la garde ordinaire du Roi, puis créé Capitaine de Cavalerie et ensuite Chevalier de Saint-Louis ; il servit avec distinction dans la guerre de sept ans et mourut le

27 octobre 1757, à Halberstat en Saxe. Il a épousé à Bazentin, le 25 novembre 1750, dame Marie-Anne-Françoise de MONET DE LA MARQUE dont il a eu :

VIII Jacques-Marie-Joseph DE WITASSE DE VERMANDOVILLERS, Chevalier, Seigneur de Vermandovillers, Villecourt, Bayancourt etc, né en 1751, fut chevau-léger de la garde ordinaire du Roi, et maire de Thézy.

Il a épousé en août 1780, Henriette-Julie de Sacquespée de Thézy, née le 24 août 1748, fille et héritière de René Sacquespée, Marquis de Thézy et de Marie-Geneviève-Nicolle Gabrielle de Grouches de Chepy ; par cette union la terre et le Marquisat de Thézy entrèrent dans la branche des WITASSE DE VERMANDOVILLERS qui en relevèrent le nom et le titre aux lieu et place de celui de Vermandovillers.

Jacques-Marie-Joseph, eut de son union avec Henriette-Julie de Sacquespée.

IX Joseph-Louis-François-René-Henry DE WITASSE, Marquis de Thézy, né le 12 juillet 1784, à Vermandovillers, et marié à Abbeville, le 22 juin 1811, avec sa cousine Françoise-Agathe Thomas de Senermont, fille de Paul-Adrien-François Thomas de Senermont, Général du génie, Directeur des fortifications, Officier de la Légion d'honneur, et de Françoise-Nicolas-Agathe DE WITASSE DE VERMANDOVILLERS ; il est mort à Amiens, le 11 mars 1824, laissant pour fils et héritier : Marie-Gustave-Joseph-Henry DE WITASSE, Marquis DE THÉZY, né à Abbeville, le 16 août 1819 et marié le 2 juillet 1846 à Marguerite-Henriette-Valentine Acquet de Férolles, fille de Henry Acquet de Férolles et de Céline Le Febvre du Hodent, dont il a dix enfants entre autres :

1° Marie-Henry-René DE WITASSE, Comte de THÉZY, né à Abbeville le 22 février 1849 ;

2° Louis DE WITASSE DE THÉZY, ancien sergent aux zouaves pontificaux.

3° Antoinette DE WITASSE, mariée le 18 février 1873 à Anatole de Romance ;

4°, 5°, 6°, 7°, 8°, 9° et 10°. Stéphane, Joseph, Henry, Thérèse, Pierre, Madeleine et Paul DE WITASSE DE THÉZY.

Armes : *d'azur, à trois bandes*. — Supports : *deux Lions*. — Cimier : *un Lion naissant d'or*. — Couronne : *de Marquis*.

MIMEREL

Cette famille est connue en Picardie depuis deux siècles. En 1659, Louis MIMEREL était Archer de la prévôté générale de France, en Picardie, Artois et Boulonnais. Quarante ans plus tard, Firmin MIMEREL fit enregistrer ses armoiries : *d'or, à deux pals dentelés d'azur*, dans l'Armorial général dressé en vertu de l'édit de 1696. Il était premier Consul d'Amiens en 1706 et Échevin de ladite ville en 1710. Antoine-Firmin MIMEREL, élu premier Juge-consul d'Amiens en 1786, a laissé, entr'autres enfants, Pierre-Auguste-Remy Mimerel, Sénateur, titré *Comte* par décret impérial du 21 mars 1866.

Armes : *Écartelé au 1 de gueules à une roue d'horloge d'argent; au franc quartier de* COMTE-SÉNATEUR, *qui est : d'azur, au miroir d'or en pal, autour duquel se tortille et se mire un serpent d'argent; au 2, d'argent, à un navire de sable équipé, voguant sur une mer du même ; au 3, d'or, à une tour ouverte de sable ; au 4, de sinople, à un canal d'argent, ondé, maçonné sur les bords.* — Devise : *Labore decus.*

DE MULLENHEIM

La famille DE MULLENHEIM ou MULNHEIM est une des plus anciennes de la basse Alsace, où elle a formé un grand nombre de branches.

A l'époque de la Révolution, Antoine-Louis-Ferdinand, Baron DE MULLENHEIM émigra à l'armée de Condé; il a laissé : Louis-Marie-Édouard, Baron DE MULLENHEIM, né en 1784, Chef d'escadron en 1815, père de :

1° Jean-François-Marie-Joseph, Baron DE MULLENHEIM, Chevalier de Saint-Grégoire-le-Grand, Sous-Préfet sous l'Empire, dont un fils;

Et 2° Louis-Marie-Charles-Guillaume, Baron DE MULLENHEIM, Officier de Dragons.

Armes : *de gueules, à la rose d'argent boutonnée d'or, à la bordure du même.*

DE GAY DE VERNON

Famille du Limousin, séparée en deux branches, l'une dite DE VERNON, l'autre DE NEXON. Gabriel DE GAY DE VERNON vivait en 1550. De lui était issu Honoré DE GAY, Député à l'Assemblée législative, à la Convention et au Conseil des Cinq cents, etc., frère de Simon-François GAY DE VERNON, Maréchal de Camp, créé Baron avec majorat sur la terre de Vernon, en 1811. Ce dernier a laissé trois fils : 1° Antoine-Charles- Joseph-Henri DE GAY, Lieutenant d'artillerie, disparu dans la retraite de Russie ; 2° Jean-Louis-Camille qui suit ; 3° Simon DE GAY DE VERNON, nommé Maréchal de camp en 1817. Jean-Louis-Camille, baron DE VERNON, est père de M. le Baron DE VERNON, chef actuel de la famille, qui, de Mademoiselle DE PIQUET DE VIGNOLLES DE JUILLAC, a trois enfants.

Armes : *Coupé, au 1 d'azur, au casque de profil d'or; mi-parti de gueules, à l'épée d'argent posée en pal,* qui est DE GAY, Baron de l'Empire ; *au 2 d'argent, au chevron de sable, accompagné de trois geais du même,* qui est : DE GAY ancien.

AUDREN DE KERDREL

Maison d'ancienne Chevalerie, l'une des plus illustres de Bretagne.
Raoul AUDREN se croisa en 1248 et Olivier AUDREN figure comme archer dans une montre de Jean de Tournemine de 1356. Yvon AUDREN, premier auteur certain de la filiation, vivait en 1426 avec Catherine GOURIO, sa femme. Parmi les descendants de cet Yvon, on compte, un Prieur de Landérénec, mort en 1605 ; un Prieur de Marmoutiers, mort en 1725 ; un Lieutenant des Maréchaux de France à Lesneven en 1775, et un Capitaine des frégates du roi. La famille AUDREN DE KERDREL s'est directement alliée à celles de la Boёssière, Favin-Lévêque, de Kermenou, de Kerouartz, de Kersauson, Nouvel, de Penhoadic, le Rouge, de Vassinhac d'Imécourt, etc.

Armes : *de gueules, à trois tours couvertes d'or, maçonnées de sable.*
Devise : *Tour à Tour.*

DE CUMONT

Ancienne maison chevaleresque de la province du Périgord, dont des rameaux se sont répandus en Saintonge, en Poitou, au Maine et dans l'Anjou, et qui est connue depuis le XIV° siècle. Raymond DE CUMONT, Chevalier, Seigneur de Sallebœuf, était capitaine de cinquante hommes d'armes en 1330. Hugues DE CUMONT, Chevalier, servait dans la compagnie d'Ithier de Magnac en 1340 ; son sceau présente une croix pattée. Gérault DE CUMONT, Écuyer, servait également dans les guerres de Saintonge sous le Maréchal d'Audenehan, en 1352. Christophe-Louis-Henri DE CUMONT fit ses preuves pour les pages du roi en 1711 et François-Louis-Auguste DE CUMONT fut reçu dans l'ordre de Malte en 1725.

Alliances : de la Grue, de Maillé, de Mallevaud, des Portes de St Père, de Reverdy, de Tillac, de Valori, de Vivonne, etc.

La famille est divisée en deux branches : 1° celle du Marquis de Cumont dont le chef actuel est Camille-François-Ferdinand-Léopold Marquis de Cumont, veuf de Mlle de la Tullaye dont un fils.

2° La branche cadette représentée par le Vicomte Arthur de Cumont.

Armes : *d'azur, à la croix pattée d'argent.* — La branche cadette porte : *trois croix au lieu d'une comme brisure.*

DU PEUTY

Ancienne famille d'Artois qui tire son nom du fief du Peuty, situé en Flandre, et dont l'origine remonte à Jean DU PEUTY, vivant en 1531, lequel épousa Rose DE PARDIEU, nièce de Valentin de Pardieu, Gouverneur de Gravelines en 1590.

Elle a possédé les fiefs de Moyenval, de Montgarny et de Trahon.

Chef actuel : Charles-Armand DU PEUTY, né le 10 juin 1841, marié le 28 mai 1874 à Mademoiselle Luisita-Joséphine GOUPIL.

Armes : *Écartelé, au 1 et 4 de gueules, au chevron d'or accompagné de trois roses tigées et feuillées du même, 2 en chef et une en pointe ; aux 2 et 3 d'azur, à une bande d'argent.* — Couronne : *de Comte.* — Devise : *Nulle rose sans épine.*

DE LORGERIL

Maison d'ancienne chevalerie de la province de Bretagne. Alain DE LORGERIL, prit part à la septième croisade, en 1248 ; son nom a été inscrit au Musée de Versailles. Les LORGERIL, Seigneurs de Boisjean, de Trevascoet, du Chalonge, de Kerven, etc., ont pour premier auteur filiativement connu, Olivier DE LORGERIL, Seigneur dudit lieu et du Bodou, vivant en 1311. De son fils, Guillaume DE LORGERIL, mort en 1357, était issu au cinquième degré Simon DE LORGERIL, qui fut fait Chevalier par le connétable de Richemont au siége de Montereau-Faut-Yonne, en 1437 ; il devint maître d'hôtel de Louis de France, depuis Louis XI.

Alliances : Bodin du Motay, de Boisadam, de Coëtquen, Hay des Nétumières, de Lanvallay, de la Moussaye, de Saint-Pern, de Tesson, etc.

La terre de Lorgeril est située dans le département des Cotes du Nord dont M. le Vicomte de Logeril a été le mandataire à la législative de 1871-1875.

Armes : *de gueules, au chevron d'argent, chargé de cinq mouchetures d'hermines de sable, et accompagné de trois molettes d'or.*

DE TEISSIER

Venue de Nice en Languedoc et plus tard dispersée en Angleterre, en Suisse et en Hollande, la famille DE TEISSIER était représentée en France, en 1789, par Jean-Antoine DE TEISSIER, Baron DE MARGUERITTES, Député aux États-généraux, Secrétaire de l'Assemblée nationale constituante, décapité sur l'échafaud révolutionnaire, le 20 mai 1794. Il laissait neuf enfants. L'aîné, Esprit-Joseph-Amédée DE TEISSIER, Baron DE MARGUERITTES, est père de Joseph-Amédée DE TEISSIER, Baron DE MARGUERITTES, dont le fils, M. Edouard-Louis-Marie DE TEISSIER, Baron DE MARGUERITTES représente actuellement sa famille.

Armes : *d'or, au sanglier de sable, passant sur une terrasse du même, au chef de gueules, chargé d'un croissant d'argent, accosté de deux étoiles du même.* — Devise : *Nemo me impune lacessit.*

DE MEAUX

Famille originaire du Màconnais et transplantée dans le Forez. Elle a donné un Président au parlement de Dombes et un Lieutenant Général du bailliage du Forez. Deux membres de cette famille ont péri sur l'échafaud révolutionnaire. Son chef est actuellement M. le Vicomte Camille DE MEAUX, Député de la Loire à l'Assemblée nationale et Ministre de l'agriculture et du commerce. Il est fils de M. Barthelémy-Augustin, Baron DE MEAUX et de Marie-Amélie-Hélène DE WATERS ; il a épousé le 16 septembre 1858 Marie-Elisabeth-Viltrude DE MONTALEMBERT, fille de Charles, Comte de Montalembert, Pair de France et Membre de l'Académie française, et de Marie-Anne-Henriette, Comtesse de Mérode et du Saint-Empire.

Armes : *d'azur, au chevron accompagné en chef de deux étoiles, et en pointe d'un trèfle, le tout d'or.*

POTIRON DE BOISFLEURY

Passée de l'Ile de France en Bretagne, la famille POTIRON, est connue dans cette dernière province depuis Jacques-Hyacinthe POTIRON, sieur de la Cruaudière, de Boisfleury, etc., Sénéchal de la baronnie de Lohéac, en 1660 ; il eut, entr'autres enfants Guillaume POTIRON, sieur de la Buissonnière, mentionné dans l'Armorial de 1696, et César-Daniel POTIRON, sieur de la Cruaudière, l'aîné, Sénéchal de Derval, eut pour fils Louis-Théodore POTIRON DE BOISFLEURY, nommé Lieutenant de la baronnie de Derval en 1735. L'un de ses fils était Sénéchal de Derval en 1789 ; et de l'aîné descend M. César POTIRON DE BOISFLEURY, père de cinq enfants. Alliances : Boussaud de la Noë, Charil de Ruillé, Lamour de Lanjégu, Nayl de Villaudry, de la Noë-Fosse, etc.

Armes : *d'azur, à une vire d'or, dans laquelle est enfermée une aiguière d'argent.*

DE VILLENEUVE

DE TRANS-FLAYOSC, DE BARGEMONT ET D'ECLAPON

Maison d'ancienne chevalerie connue parmi les plus illustres de la Provence dont l'origine remonte à Raymond DE VILLENEUVE, Gouverneur de Provence, vivant en 1140 et cité par Nostradamus. Il joua un grand rôle dans la lutte des Barons de Provence qui soutinrent le parti d'Etiennette des Baux, fille de Gilbert, Comte de Provence, contre son cousin Raymond-Bérenger II.

Géraud, fils de Raymond, reçut en 1201 d'Ildephonse, Comte de Provence, pour lui et sa postérité, les terres et châteaux des Arcs, des Trans, de la Motte et d'Esclan.

A dater de cette époque, l'histoire nous montre les VILLENEUVE constamment mêlés aux évènements de leur pays, et depuis 1505 ils ont eu la préséance dans les assemblées de la noblesse.

Les dix-sept branches de la maison de Villeneuve ont produit un grand-Maître et quarante Chevaliers de Saint-Jean de Jérusalem, six Chevaliers de Saint-Michel, avant la réforme de l'ordre, vingt Chevaliers de Saint-Louis, deux Chevaliers du Saint-Esprit, dix Évêques, deux grands Sénéchaux de Provence, un Chancelier de l'empire de Constantinople, deux Grands-Maîtres de la maison des rois de Naples, un grand Ecuyer des rois de Naples, deux Généraux commandant les armées de Provence, un Maréchal de Provence, deux Chefs d'escadre, un Maréchal de camp, un Vice-Amiral, deux Sénéchaux de Grasse, seize Gouverneurs de villes, dont sept de la ville de Marseille, et quatre préfets de la branche de Bargemont.

Les principales alliances de la maison de Villeneuve ont eu lieu avec celles de Savoie, Baux, Grimaldi, Lascaris, Foix, Agout, Castellane, Cugnac, Sabran, Simiane, Pontevez, Grasse, Rostaing, Glandevez, Barras, Oraison Vintimille, Lesdiguières, Montauban, Baschi, Forbin, Allamanon, Brancas, la Rochefoucauld, Blacas, etc.

De ces dix-sept branches trois seulement subsistent actuellement et en voici les représentants :

I. Branche des MARQUIS DE TRANS-FLAYOSC.

Hélion DE VILLENEUVE, Marquis DE TRANS-FLAYOSC, chef actuel du nom et des armes.

7

Sœur :

Roseline DE VILLENEUVE TRANS-FLAYOSC, mariée en 1857, au Comte de Forbin.

Cousins :

I. Hippolyte, Comte DE VILLENEUVE-FLAYOSC, ancien Inspecteur général d'agriculture en chef au corps des mines, marié à Irène de Gardane, dont :

    1° Léonce DE VILLENEUVE-FLAYOSC, né en 1833.

    2° Alexis DE VILLENEUVE-FLAYOSC, né en 1836.

    3° Henri DE VILLENEUVE-FLAYOSC, né en 1838.

II. Julien, Comte DE VILLENEUVE-FLAYOSC, Capitaine de frégate, marié en 1849 à Marie DE CLERISSY DE REMOULÈS, dont un fils et une fille.

II. Branche DE VILLENEUVE-BARGEMONT.

Henri-Joseph, Marquis DE VILLENEUVE-BARGEMONT, né en 1807, marié à Léonide CHAMILLART DE LA SUZE, dont :

    1° Fernand DE VILLENEUVE-BARGEMONT, né en 1834.

    2° Alban DE VILLENEUVE-BARGEMONT, né en 1835.

    3° Roméo DE VILLENEUVE-BARGEMONT, né en 1838.

    4° Anatole DE VILLENEUVE-BARGEMONT, né en 1840.

    5° à 8° Quatre filles.

Sœur :

Laure DE VILLENEUVE-BARGEMONT, marié au Comte David DE BEAUREGARD.

Oncles :

I. Joseph, Comte DE VILLENEUVE-BARGEMONT, ancien Directeur général des Postes, Conseiller d'Etat et démissionnaire en 1830, né en 1782, marié en 1820 à Constance DE BROSSE, dont :

    1° Roseline, mariée au Comte DE FORBIN D'OPPÈDE.

    2° Marguerite, mariée au Vicomte REVIERS DE MAUNY.

II Jean-Baptiste, Vicomte DE VILLENEUVE-BARGEMONT, Capitaine de vaisseau en retraite, marié en 1828 à Héliodora DE SERRAU, dont :

    1° Raymond, Vicomte DE VILLENEUVE-BARGEMONT, marié à Mathilde NIVIÈRE, dont deux garçons et une fille.

    2° Roseline DE VILLENEUVE-BARGEMONT.

Cousins et Cousines du Marquis :

I. Elzéar, Vicomte DE VILLENEUVE-BARGEMONT, fils du Vicomte Alban DE VILLENEUVE, Lieutenant de cavalerie, marié, le 22 avril 1857, à Marguerite DE LA MYRE.

II. Blanche DE VILLENEUVE-BARGEMONT, Comtesse DE SUFFREN.

III. Adrienne DE VILLENEUVE, Comtesse DE MONTEBELLO.

Cousines:

I. Nathalie DE VILLENEUVE-BARGEMONT, Comtesse DE BROSSE.

II. Marie DE VILLENEUVE-BARGEMONT, comtesse BOGOISKA.

III. Branche DE VILLENEUVE-ESCLAPON.

Romée, Comte DE VILLENEUVE-ESCLAPON, né en 1807, marié en 1834 à Louise DE LYLE-TAULANE, dont :

    1° Gaspard-Gabriel-Hélion DE VILLENEUVE-ESCLAPON.

    2° Edouard-Auguste DE VILLENEUVE-ESCLAPON.

    3° Marie-Xavier-Arthur DE VILLENEUVE-ESCLAPON.

Oncles :

I. Louis-Auguste, Comte DE VILLENEUVE-ESCLAPON, marié en 1807, à Aglaé DE MONVAL, dont :

Charles, Comte DE VILLENEUVE-ESCLAPON, marié en 1849 à Marie-Alexandrine DE PILLOT-COLIGNY, dont :

    A. Marie-Roselin-Claver-Gaspard-Hélion, né le 30 octobre 1852.

    B. Marie-Joseph-Jean-Régis-Hugues-Raymond, né le 10 juin 1854.

    C. Marie-Donat-Ignace-Charles-Louis, né le 16 novembre 1857.

    D. Marie-Charlotte-Louise-Donatie-Henriette, née le 8 Septembre 1856.

    E. Marie-Roseline-Donatie, née le 18 Septembre 1851.

    F. Marie-Gertrude-Roseline, née le 13 juillet 1856.

II. Ferdinand, Comte DE VILLENEUVE-ESCLAPON.

III. Alexandrine DE VILLENEUVE-ESCLAPON.

Cousins-germains :

Jules, Comte DE VILLENEUVE-ESCLAPON, marié le 25 août 1851 à Henriette DE MONVAL, dont :

    1° Christian DE VILLENEUVE-ESCLAPON, né le 8 août 1852.

    2° Madeleine DE VILLENEUVE-ESCLAPON, née le 5 septembre 1855.

    3° Roseline DE VILLENEUVE-ESCLAPON, née le 10 janvier 1857.

Armes : *de gueules, fretté de six lances d'or, accompagnées de petits écussons du même, semées dans les interstices; sur le tout, un écu d'azur, chargé d'une fleur de lis d'or.* — **Supports** : *deux anges tenant des bannières aux armes d'Aragon.* — **Devise** : *Per hæc regnum et imperium.*

GUÉRIN DE LA HOUSSAYE

Le nom de GARIN ou VARIN, d'où dérive celui de GUÉRIN est un des noms les plus anciens dans l'histoire de Normandie.

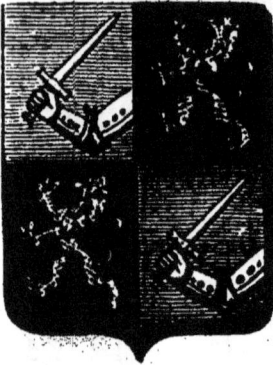

Le premier personnage connu de cette famille est Hugues GARIN, Chevalier, Seigneur de Cauvicourt, qui confirma une donation faite à l'abbaye de Saint-André-en-Gouffern, au diocèse de Séez.

En 1410, Robert GARIN fut investi de l'office de Lieutenant-général du bailli de Rouen.

Étienne GUÉRIN est cité parmi les officiers de la milice bourgeoise de Rouen qui défendirent vaillamment cette cité lors du siége qu'en vint faire Henri IV, l'an 1591.

Cette famille s'est divisée en deux branches: l'une a résidé à Rouen, où elle s'est éteinte en la personne de Madeleine GARIN, descendante de Jeanne d'Arc, laquelle fut mariée à Germain BAILLARD, élu en l'élection de Neufchâtel auteur des BAILLARD, seigneurs DE L'HERTRELAYE et DU LYS.

La branche cadette plus particulièrement connue à Bayeux a pour représentants actuels :

I. Félix-Henri-Anne-Marie GUÉRIN DE LA HOUSSAYE DU CASTELET, Grand Écuyer d'honneur de Son Altesse Royale Mme la Duchesse de Berry, Chevalier de Saint-Louis et du Lys, né en 1801, a épousé en 1826 Mademoiselle Henriette DE BELLOUAN D'AVAUGOUR, dont un fils :

1° Félix-Henri-Ange-Marie-Germain GUÉRIN DE LA HOUSSAYE, né en 1827, qui a épousé, en 1861, Mademoiselle Élisa DE LA MOTTEROUGE, dont il a deux enfants :

A. Adrien-Marie GUÉRIN DE LA HOUSSAYE, né en 1863 ;
B. Claire-Marie GUÉRIN DE LA HOUSSAYE, née en 1864.

Et ses trois frères :

II. Adrien-Fulgence GUÉRIN DE LA HOUSSAYE DU CASTELET, Chevalier de Saint-Louis, du Lys et de la Légion d'honneur, Commandeur du Christ, de la Tour-et-l'Épée du Portugal, né en 1803 et fusillé le 5 août 1835, à Santander, étant Général de Sa Majesté Don Carlos V. Il a épousé, en 1828, Hortence LEDAY, dont il a eu :

1° Henri-Marie Guérin de la Houssaye, filleul de la Duchesse de Berry et du Comte de Lucchesi ;

2° Adrien Guérin de la Houssaye ;

3° Charles-Thomas Guérin de la Houssaye.

III. Auguste-Mathurin Guérin de la Houssaye du Castelet, Chevalier de Saint-Louis et du Lys, etc., né le 23 janvier 1809, mort le 8 avril 1869, et marié en premières noces, en 1835, en Angleterre, à Madame Saval-Élisa Fattnall de Résina, décédée en 1845 à Saint-Hélier, dont il n'a pas eu d'enfants ; et marié en secondes noces, le 12 mai 1847, à Mademoiselle Stéphanie-Marie-Anne le Vicomte de la Villegourio, des Comtes du Rumen et Coëtanfao, dont il a eu :

1° Berthe-Marie-Césarine Guérin de la Houssaye, née le 18 février 1848, et mariée le 26 juin 1871 à M. André-Louis-René de Rodellec du Porzic, Sous-Officier aux Zouaves pontificaux, décoré de la Médaille militaire de France ;

2° Charles-Henri-Marie-Eustache Guérin de la Houssaye, né le 30 juillet 1851, filleul de Son Altesse Royale la Duchesse de Berry, ex-Zouave pontifical, et marié le 6 mai 1874 à Mademoiselle Louise-Marie de Lorme, dont il a eu :

A. Auguste-Charles-Henri-Marie-Arthur-Eustache Guérin de la Houssaye, né le 18 août 1875.

3° René-Marie-Germain Guérin de la Houssaye, né le 26 décembre 1853, Sous-Officier aux Zouaves pontificaux, volontaire de l'Ouest.

4° Remi-Anatole-Marie Guérin de la Houssaye, né le 20 décembre 1856.

5° Urbain-Marie Guérin de la Houssaye, né le 4 juillet 1863.

6° Jules-Marie Guérin de la Houssaye, né le 4 octobre 1865, décédé le 22 du même mois.

7° Étienne Guérin de la Houssaye, né le 14 mars 1867.

IV. Thomas Guérin de la Houssaye du Castelet, Chevalier de Saint-Louis et du Lys, etc., né le 10 mai 1811, Religieux du Sacré-Cœur.

Armes : Écartelé, aux 1 et 4, d'azur, à un dextrochère armé d'argent, mouvant du flanc senestre, et tenant une épée d'argent garnie d'or ; aux 2 et 3, de sable, au lion d'or, armé et lampassé de gueules. L'écu timbré d'un casque de Chevalier orné de ses lambrequins. — Devise : Fidelitate et armis.

DE SEMPÉ ou DE SAINT-PÉ

La noblesse de cette ancienne famille qui est originaire du Condomois, en Gascogne, est constatée par un arrêt de maintenue rendu en 1699 par M. de la Houssaye, intendant de la généralité de Montauban, et en outre par des preuves de noblesse établies par d'Hozier lors de l'admission de l'un de ses membres au collège royal de la Flèche.

Ces deux documents importants établissent la filiation de la famille de la manière suivante :

I. Guillaume DE SEMPÉ ou DE SAINT-PÉ, 1er du nom, Écuyer, Seigneur DE SEMPÉ.

Il avait pour contemporain Arnault DE SAINT-PÉ, que l'on trouve mentionné comme témoin dans une charte passée à Samatan, en Comminges, le 18 mai 1550. (Titre original.)

Il se maria le 13 décembre avec noble Demoiselle Frize de Batz, (de la famille des de Batz de Trenquelleon de laquelle il laissa trois enfants, savoir :

1° Guillaume, qui suit ;

2° Anne DE SEMPÉ ;

3° Jeanne DE SEMPÉ, qui firent toutes deux cession de leurs droits de succession en 1595.

II. Guillaume DE SEMPÉ ou SAINT-PÉ, 2me du nom, racheta le 28 octobre 1591 une maison que ses parents avaient aliénée et acquit par un autre acte du 28 octobre 1595 les droits successifs de ses sœurs. En 1598 il servait dans les Gardes du corps du roi Henri IV. Il testa le 12 mars 1616; Il avait épousé noble Françoise DE TENISSAN, dont il eut :

III. Pierre-Antoine DE SAINT-PÉ, alias SEMPÉ, Écuyer, Seigneur DE COUCHÉ, a épousé le 22 août 1636 Demoiselle Anne DAYMIER, fille de Bernard Daymier, seigneur d'Arques, et de l'Isle-Jourdain.

Il fit son testament le 29 avril 1639 et laissa pour fils :

IV. Bernard DE SAINT-PÉ, Écuyer, Seigneur DE COUCHÉ, marié le 3 juin 1658 à noble Demoiselle Jeanne DE BOUSQUET, fille de François de Bousquet, écuyer et de Anne de Ferrebouc.

De ce mariage sont issus :

1° Michel, qui a continué la descendance ;

2° Joseph DE SAINT-PÉ, marié le 1er juillet 1694 à Demoiselle Isabeau DE LA FITE et maintenu dans sa noblesse par jugement du 8 août 1699, rendu en la généralité de Montauban.

V. Michel DE SEMPÉ ou DE SAINT-Pé, Écuyer, Seigneur DU BRUGET, né le 14 septembre 1682 à Saint-Sigismond de Larresingle près Condom. Il embrassa la carrière des armes et fut nommé Capitaine de Grenadiers au Régiment de Picardie en 1707. (Titre original.)

Il avait épousé le 22 novembre 1751 Nicole DE LA CASSAIGNE DE SAINT LAURENT, fille de noble Charles-Chrétien DE LA CASSAIGNE DE SAINT-LAURENT, ancien capitaine au Régiment de Bretagne, cavalerie, chevalier de Saint-Lazare et de Dame Anne-Marguerite Gaudin. Il a eu de cette union :

VI. Joseph-Michel DE SEMPÉ ou SAINT-Pé, Écuyer, né le 24 février 1759, à Saint-Loup en Condomois qui fit ses preuves de noblesse, en 1772, pour entrer au collège royal et militaire de la Flèche.

La famille DE SEMPÉ ou SAINT-PÉ s'est perpétuée jusqu'à nos jours, et a formé plusieurs rameaux qui ont actuellement des représentants dans l'armée, la magistrature et les sciences.

Armes : *d'azur au dextrochère d'argent, (aliàs de carnation vêtu d'argent) tenant deux clefs du même passées en sautoir, à la merlette de sable soutenue par le panneton dextre.*

SAUBERT DE LARCY

Famille originaire du Vigan, à laquelle appartenait Jacques SAUBERT, qui fit en 1696 la déclaration de ses armoiries au bureau de sa juridiction, à l'Armorial général. Ses descendants ont donné des Conseillers à la cour des Comptes de Montpellier. Le père de M. le Baron DE LARCY était Sous-Préfet sous la Restauration et lui-même était substitut à Alais ; il donna sa démission en 1830. Député de l'Hérault en 1839, membre de l'Assemblée Constituante et Législative de 1848, il a de nouveau été envoyé à l'Assemblée Nationale en 1871, et nommé Ministre de l'Agriculture. De son union avec Mademoiselle POUJET, il n'a eu que deux filles, l'une mariée à M. Ernest DE ROUX, qui a été autorisé à ajouter à son nom celui de DE LARCY ; l'autre a épousé M. le marquis DE LA PRUNARÈDE.

Armes : *de gueules, au sautoir dentelé d'or, accompagné de quatre billettes du même.*

DE MONTAIGNAC

Maison d'ancienne chevalerie de la province d'Auvergne qui paraît avoir pris son nom d'une terre située au diocèse de Limoges. Bertrand DE MONTAIGNAC, Chevalier croisé, est cité dans un titre d'emprunt passé devant Saint Jean-d'Acre, au mois de juin 1250, solidairement avec Hardouin de Pérusse, Thibaut Chasteignes et Arnaud du Bois. La maison DE MONTAIGNAC compte des services militaires non interrompus jusqu'à nos jours, et Vertot donne le nom de dix chevaliers de Malte appartenant à cette maison, reçus dans cet ordre de 1607 à 1711.

Elle est aujourd'hui représentée par M. le Marquis Louis-Raymond DE MONTAIGNAC DE CHAUVANCE, Vice-Amiral, Ministre de la Marine et des Colonies, qui a épousé en 1844 Mademoiselle Marie-Louise-Sabine GAILLARD D'AUBERVILLE, petite-fille d'Anne-Paule-Dominique de Noailles d'Ayen, sœur de la vicomtesse de Thezan, et des marquises de la Fayette et de Grammont.

Armes : *de sable, au sautoir d'argent, accompagné de quatre molettes du même.*

DE DORLODOT

Ancienne famille noble de la Champagne qui a fourni entr'autres person-nages marquants : Noble Charles DORLODOT, Écuyer, qui faisait partie en 1582 de la monstre et revue faite à Bruges de 100 hommes de guerre étant pour le service du frère du Roi, Duc de Lothier, Brabant, Gueldres et Anjou et Comté de Flandres, en garnison dans la ville de Bruges ;

Jean DORLODOT, Écuyer, Seigneur de la Tomelle, Capitaine et Enseigne des Gardes du corps du Roi en 1696, dont les armoiries sont enregistrées à l'Armorial général de 1696.

Cette famille s'est divisée en deux branches principales ; l'une en France, connue sous le nom DE DORLODOT-DESSESSARD, et l'autre en Belgique repré-sentée par M. le Baron DE DORLODOT, Membre de la Chambre des Repré-sentants, Chevalier de l'Ordre de Léopold, propriétaire du château de Savigny (en France.)

Armes : *d'azur, au croissant d'or, accompagné de trois étoiles d'argent posées 2 et 1.*

OLIVER DE LORNCOURT DE LEUVILLE

Connue en Angleterre depuis le milieu du XIe siècle, la maison des Oliver (en français Olivier), compte dans les deux branches principales qu'elle a formées, des illustrations de tous genres.

La branche restée en Angleterre et qui s'y est perpétuée jusqu'à nos jours, a donné des Gouverneurs de places fortes, deux Ambassadeurs en France, un Gentilhomme de la chambre du roi Charles II, un Maître des œuvres de maçonnerie du roi Jacques II, des Baillis, dans la marine une foule d'Officiers de marque. La branche devenue française a produit des Chevaliers de l'ordre de Saint-Jean-de-Jérusalem, un Procureur général en la chambre des Comptes, un Chancelier de France et du duché de Milan, un Président du Parlement de Paris, un Évêque d'Angers, un Cardinal, des Gentilhommes de la chambre et un Lieutenant général des armées du roi, et une foule d'illustrations dans l'Armée, la Magistrature et l'Église.

Les Oliver d'Angleterre ont contracté des alliances directes avec les Ducs de Norfolk, les Comtes de Lichfield et de Suffolk, les Barons de Dacre et de Fitzwalter, et avec les familles de Lacy, Fanshawe, Lawes, Lee, Turner, Creswil, de Lorancourt, Herwood, Hamburg, Adamson, Taunton, etc; les Olivier de France ont mêlé leur sang à celui des maisons de Noviant, Rapouël de Varâtre, Tuleu de Cely, de Maigné, de Cerisay, de Chabannes, de l'Aubespine, Morand du Mesnil-Garnier, du Bois de Fiennes, etc.

Tandis que les Oliver possédaient des manoirs domaniaux dans huit comtés Anglais et d'autres en Irlande, les Olivier jouissaient en France, du Marquisat de Leuville, des Baronnies du Homet et de la Rivière, des Seigneuries de Brétigny, Balainvilliers, Villemaréchal et autres fiefs.

De Nigel Oliver qui vivait au milieu du XIe siècle était issu, à la XIIe génération, William Oliver, nommé, par le roi Henri IV, Gouverneur des manoirs de Cranham et de Croydon, et qui de son alliance avec Alice de Dacre, fille de Guillaume de Dacre, mort en 1403, laissa deux fils, Jacques et William Oliver.

Jacques Oliver qui vint se fixer en France vers l'année 1440, francisa son nom en celui d'Olivier; il habitait Bourgneuf en Aunis, et devint Seigneur do Brétigny dans l'Ile de France et Procureur au Parlement. Son arrière-petit-fils, François OLIVIER, Seigneur DE LEUVILLE, Chancelier de France, est le bisaïeul de Louis OLIVIER, Baron de la Rivière et de Homet, créé MARQUIS DE LEUVILLE par lettres patentes de juin 1650, mort Lieutenant général des armées du roi. Le fils de celui-ci, Louis OLIVIER, II° du nom et deuxième MARQUIS DE LEUVILLE, étant décédé sans hoirs, le nom D'OLIVIER et le titre de MARQUIS DE LEUVILLE furent repris par le petit-fils de Françoise OLIVIER, Louis DU BOIS DE FIENNES, dont la postérité s'éteignit en 1745.

La descendance de William OLIVER, frère de Jacques qui précède, est aujourd'hui représentée par :

William-Redivivus OLIVER DE LORNCOURT, MARQUIS DE LEUVILLE, actuellement seul chef de nom et d'armes de sa maison, né à Londres le 2 septembre 1843 ; ses titres et qualités de MARQUIS DE LEUVILLE, déjà établis pour le Royaume de France sous le règne de Louis XV par le Juge d'armes de la maison royale de Bourbon, en l'année 1745, et en la personne de son trisayeul, lui ont été de nouveau reconnus officiellement par la Cour d'Espagne ; cette confirmation lui a été faite depuis l'avénement d'Alphonse XII de Bourbon, par son roi d'armes.

Armes : *écartelé : aux 1 et 4, contre-écartelé, aux 1 et 4, d'azur, à six besants d'or, au chef d'argent chargé d'un lion issant de sable, armé et lampassé de gueules ; aux 2 et 3 d'or, à trois bandes de gueules, celle du milieu chargée de trois étoiles d'or, qui est des MARQUIS DE LEUVILLE ; aux 2 et 3, de sable, au chevron d'hermines, accompagné de trois fers de moulin d'or ; au chef d'argent, chargé d'un lion de gueules, qui est D'OLIVER DE LORNCOURT. — Couronne : de Marquis. — Supports : deux griffons d'or.*

LECOMTE DE NOUY

Famille originaire d'Italie et venue en Languedoc où elle a donné plusieurs Conseillers et un Lieutenant-Général au présidial de Nîmes.

Elle était représentée au commencement du siècle par le Chevalier Nomophilo DE NOUY qui a été Garde du corps du roi Charles X.

Sa fille unique a épousé M. Lecomte, dont le fils, Jean-Antoine-Jules LECOMTE DE NOUY, artiste peintre, a été autorisé à ajouter à son nom celui de sa mère.

Armes : *de sable, à une vierge d'argent, au chef échiqueté de gueules et d'or de trois traits.*

DU COËTLOSQUET

Maison de l'ancienne Chevalerie de Bretagne qui a produit entr'autres : illustrations :

Bertrand, croisé en 1218 ; Olivier, de la compagnie d'Alain de Rohan, aux guerres de Flandres en 1383 ; Jean, vivant en 1418, marié à Constance de Penhoadic ; Jean, Chevalier de Malte en 1513 ; Jean-Gilles, né en 1700 à Saint-Pol, membre de l'Académie française, précepteur des enfants de France, Commandeur du Saint-Esprit en 1776, Abbé de Saint-Philbert-de-Tournus au diocèse de Chalon-sur-Saone, de Saint-Paul au diocèse de Verdun et Évêque de Limoges en 1739, mort en 1784 ; un Abbé de Saint-Gildas-des-Bois en 1760 ; plusieurs Chevaliers et Commandeurs de Saint-Lazare depuis 1721 ; trois Pages du Roi depuis 1731 ; quatre Membres admis aux honneurs de la Cour, depuis 1758 ; un Maréchal de camp en 1791 et un Lieutenant-général en 1821.

Elle a formé cinq branches, entr'autres :

La branche aînée, qui s'est éteinte en 1836 en la personne du Lieutenant-général Comte DE COËTLOSQUET.

Et la cinquième branche des seigneurs des Isles, la seule qui subsiste aujourd'hui et qui a pour chef actuel :

1° François André *Léon* Emmanuel Comte DU COËTLOSQUET, né en 1804, marié en 1833 à Adélaïde-Batilde DURAND DE VILLERS dont (entr'autres enfants).

Gaston-Léon DU COËTLOSQUET, sous-Inspecteur des forêts.

2° Et son frère Jean-Baptiste *Maurice* Vicomte DE COËTLOSQUET, né en 1808, marié : 1° en 1835 à Anne *Caroline* DE WENDEL, décédée en 1837 ; et 2° en 1844 à *Marie*-Sophie DE MAILLIER.

Du premier mariage sont issus :

    A. Joseph-Charles-*Maurice* DU COËTLOSQUET, né en 1836, marié en 1874 à Marie *Renée* DE GUERRE.

Et du second mariage ses fils sont :

    B. Marie-Emmanuel-*Charles* DU COËTLOSQUET, né en 1850, religieux de la Compagnie de Jésus.

    C. *Édouard*-Jean-Joseph DU COËTLOSQUET, né en 1851.

    D. Maurice-Stanislas-*Jean* DU COËTLOSQUET, né en 1860.

Armes : *de sable, semé de billettes d'argent, au lion morné de même sur le tout.*

PINETON DE CHAMBRUN

Cette famille originaire du Gévaudan et maintenue dans sa noblesse par jugement de M. de Bezons, Intendant de la généralité de Montpellier, le 20 janvier 1669, remonte à Jacques PINETON DE CHAMBRUN, vivant en 1592, père de Pierre PINETON DE CHAMBRUN, Chevalier, seigneur de Lampery, etc., Bailli et Gouverneur pour le roi des villes et mandements de la Canourgue et de Nogaret. De lui descendait à la quatrième génération noble Adalbert PINETON DE CHAMBRUN Chevalier de Saint-Louis et de Saint-Lazare, Major du régiment de la Ferté-Imbaut, Infanterie, Gentilhomme du Duc d'Orléans, régent, duquel est issu M. Joseph-Dominique Adalbert, comte de Chambrun, ancien Préfet du Jura, Député au corps législatif sous l'empire et aujourd'hui Membre de l'Assemblée Nationale. Alliée aux Baud, Fabri, de Grangers, de Grèzes, Séguin, etc.

Armes : écartelé aux 1 et 4 de gueules, à trois pommes de pin d'or, 2 et 1 ; aux 2 et 3 d'argent, à l'aigle de sable, le vol abaissé, qui est : DE GRANGERS.

MEGRET D'ETIGNY ET DE DEVÈSE

La maison DE MEGRET, originaire de Picardie a pour auteur Guillaume MEGRET, maître des eaux et forêts du Duc d'Orléans, puis Secrétaire du Roi Charles VI, qui pour reconnaître ses bons et loyaux services le confirma dans sa noblesse par lettres patentes du mois d'avril 1408.

Plusieurs de ses membres ont habité longtemps Paris, le Lyonnais et la Bourgogne et se sont illustrés dans l'Armée, l'Église et la Magistrature.

Cette famille a formé plusieurs branches ; l'une d'elles, au commencement du siècle dernier, s'est divisée en deux rameaux encore existants :

    1° Celui des MEGRET, Comtes DE CHAPELAINE, Barons D'ETIGNY et Seigneurs de Serilly.

    2° Et celui des MEGRET, seigneurs de Mericourt et de Devèse.

Elle a pour représentants actuels :

Henry-Victor MEGRET DE SERILLY, Comte de Chapelaine, Baron d'Etigny de Theil, Chevalier de la Légion d'honneur, Secrétaire-général de la Préfecture des Basses-Pyrénées, né à Paris le 28 février 1817, marié le 26 juin 1837 à Demoiselle Estelle-Clémentine Vastey, dont il a eu :

Louis-Raymond Megret d'Etigny, né à Paris le 21 juin 1838, marié à Mademoiselle de Voulx, originaire des pays basques, et Albert-Marie-Pierre Megret de Devèse, Officier de Cavalerie démissionnaire, né à Compiègne le 2 mars 1839, marié à Paris le 21 mai 1866 à Mademoiselle Marie-Marguerite Maigre, dont il a eu :

1° Guy-Marie-Amédée Megret de Devèse, né au château de Salency le 2 juillet 1869.

2° Anne-Marie-Jacqueline Megret de Devèse, née au château de Salency.

Armes : écartelé aux 1 et 4 d'azur, au chevron d'or accompagné de trois étoiles renversées d'or, 2 et 1 ; au 3, d'azur, à trois besants d'argent posés 2 et 1 ; au chef d'or chargé d'une tête de lion arrachée de gueules ; au 4, d'azur à la bande d'argent chargée de trois étoiles de sable, (alias d'argent à la bande d'azur chargée de trois étoiles. — Couronne : de Comte. — Devise : *Megret partout c'est mon étoile.*

DECAZES

Cette famille est originaire de Libourne. Elie Decazes, Fils d'un Lieutenant au Présidial de cette ville, né en 1780, fut successivement Juge au tribunal de la Seine en 1806, Conseiller à la cour d'appel de Paris, en 1810, Conseiller privé du roi Louis de Hollande et Secrétaire des commandements de Madame mère. Préfet de police, nommé par Louis XVIII, en 1814 ; Comte Decazes le 27 janvier 1815 ; Ministre de la police le 24 septembre suivant ; Pair de France le 31 janvier 1818 ; Ministre de l'intérieur le 29 décembre de la même année ; créé Duc le 20 février 1820 ; Ambassadeur à Londres en 1822 ; Grand-Référendaire de la Chambre des Pairs en 1836. Il a laissé entr'autres enfants, Louis-Charles-Elie-Amanieu, Duc Decazes en France et de Glucksberg en Danemark, né en 1819, actuellement Ministre des affaires étrangères.

Alliances : Beaupoil de St Aulaire, de Lowenthal, Muraire, etc.

Armes : *d'argent, à trois têtes de corbeaux arrachées de sable.* — Couronne : *de Duc.*

DE MORNAY

La maison de Mornay, l'une des plus illustres et des plus anciennes de la France, a pour berceau le Berry. Guillaume, seigneur DE Mornay se croisa en 1218. Parmi ses descendants on compte un Évêque d'Orléans, puis d'Auxerre, Chancelier de France, mort en 1306 ; un grand Louvetier de France, etc. Antoine DE Mornay-Villarceaux, Chevalier de Malte, Commandeur de Renneville et de Villedieu, demeura huit ans prisonnier en Turquie. Henri-Charles DE Mornay, Colonel du régiment de Béarn, fut tué au siège de Manheim, en 1618 ; Charles, Marquis DE Villarceaux, Chevalier des ordres du roi, Capitaine-Lieutenant des chevaux-légers du dauphin, périt à Fleurus en 1690 et Gaston-Jean-Baptiste, comte DE Montchevreuil, Lieutenant-Général des armées du roi, Grand'Croix de Saint Louis, succomba glorieusement à Nerwinde en 1693.

Parmi les nombreuses alliances de cette maison citons celles d'Allegrin, d'Amilly, d'Anlezy de Bua, de Coëtquen, Chenu de Montchevreuil, de Moreuil, de Saveuse, de Sᵗ Briçon, Soult de Dalmatie, de Vendôme.

Armes : *fascé de huit pièces d'argent et de gueules, au lion morné de sable, couronné d'or, brochant.*

D'ESPOUY DE SAINT-PAUL

Originaire de la province du Béarn, la famille D'Espouy remonte au XIᵉ siècle.

Elle a produit plusieurs rameaux qui se sont projetés du Béarn en Aragon puis aux Pays-Bas, en Artois et enfin dans la province du Forez.

Odon D'Espouy, Chevalier banneret, Seigneur du fief d'Espouy, figure dans une charte de l'année 1070 avec Grégoire, Évêque de Lescar en Béarn.

Guy D'Espouy, Chevalier, alla avec Raymond de Toulouse à la première croisade en 1096.

La branche d'Aragon a fourni : un Commandeur grand Prieur de Catalogne sous Charles V en 1512 ; plusieurs Gentilshommes de la chambre ; un Vice-Amiral des galères et Bailli de Mayorque en 1635 ; enfin un grand d'Espagne de 1ʳᵉ classe en 1728.

La branche du Béarn a fourni un Contrôleur de la connétablie du Duché de Guyenne en 1450, un Conseiller receveur général des finances en 1605, etc.

Jean DE SAINT-PAUL, Chevalier, possesseur des terres de Chambou et de la Tour-en-Jaraste, donna sa fille Marie-Jeanne en mariage à Louis D'ESPOUY, Chevalier, en 1581. C'est ainsi qu'entra dans cette famille la seigneurie de Saint-Paul dont elle a toujours continué à porter le nom.

Chef actuel : José D'ESPOUY, Marquis de Saint-Paul, né en 1823, Commandeur et Chevalier de plusieurs ordres.

Armes : *écartelé aux 1 et 4 d'argent, à une épée de gueules, mise en fasce; aux 2 et 3, d'azur, à un Lion d'or, appuyant sa patte dextre sur une branche de la garde d'une épée du même.* — Couronne : *de Marquis.* — Supports : *deux Lévriers.* — Devise : *Gladio et ense.*

DELPECH DE FRAYSSINET

Originaire du Quercy cette famille paraît être une branche de l'ancienne maison DEL PUECH ou DELPECH du Rouergue, qui a fourni un grand nombre de personnages illustres dont deux Prélats, un chef d'Escadre, des Sénéchaux, deux Commandeurs de Saint-Jean-de-Jérusalem, un Capitoul, de hauts magistrats, des militaires distingués, des Gardes du corps, des Chevaliers de Saint-Louis, etc.

En 1607 Pierre DEL'PUECH, Procureur en la cour royale de Villefranche, rendit hommage à la reine Marguerite de Valois pour ses fiefs et possessions sis en la juridiction de Villefranche.

Antoine DEL PUECH, fit le dénombrement de ses fiefs en 1730, par devant les seigneurs Présidents Trésoriers de la généralité de Montauban.

Cette famille a contracté des alliances avec les plus notables maisons, entr'autres : celles de Pollier, du Rieu, de Bonald, de Montlauzun, de Marquissan, Gaston de Vauvineux, d'Armagnac, de Toulouse-Lautrec etc.

La branche aînée est représentée actuellement par :

Charles DELPECH DEL PERIÉ DE FRAYSSINET, ancien Officier du Commissariat de la Marine, actuellement percepteur à Voreppe (Isère) marié, le 4 août 1841 à Laure CLOSE, fille de M. Close, Esquire, Consul Général d'Angleterre et de Lady Anne-Elisa Hogers, d'origine écossaise.

Armes : *d'azur, au Lion d'or, grimpant sur une montagne d'argent à dextre, au chef cousu de gueules, chargé de trois étoiles d'argent.*

CAVALIER

Famille du Languedoc qui paraît être originaire du Rouergue où elle était connue fort anciennement.

Jean DE CAVALIER était Vice-Sénéchal de Rouergue en 158².

Ses armoiries sont enregistrées à l'Armorial général officiel de l'année 1696, (*Registre de Montpellier, folio 851*).

Elle a produit un certain nombre d'Officiers et entr'autres personnages marquants le célèbre Jean CAVALIER, né à Ribaute, près Anduze en 1679, qui fut le chef redoutable des camisards et tint plusieurs fois en échec les troupes du Maréchal de Villars; ce dernier finit par traiter avec lui et le nomma Colonel; passé au service de l'Angleterre, il mourut en 1740 étant gouverneur de Jersey.

Alliances : D'Alphonse de Castanet, de Sigier, Latour, Faure, Fraissinet, Comtes Valssamachi.

Représentants actuels :

I. Léon-Ferdinand CAVALIER, né à Nîmes le 16 novembre 1805 ;

II. Jacques-Louis CAVALIER, né à Nîmes, le 20 février 1833 ;

III. Jean-Alphonse CAVALIER, né à Nîmes, le 6 juillet 1831.

Armes : *d'argent, à une bande d'azur, accompagnée de six molettes de gueules posées en orle.*

DE SAINT JULIEN

Maison d'ancienne chevalerie, originaire de la Marche, qui tire son nom de la terre de Saint Julien, première baronnie de la Marche, et son origine des cadets des Sires de Bourbon.

Elle a formé de nombreuses branches toutes aujourd'hui éteintes.

Cette maison s'est fondue aux XVIII⁰ siècle dans la famille de TACQUENET DE LA MOTTE dont l'héritière a épousé M. HUARD DU PLESSIS DE LA MOTTE, auquel elle a apporté le fief de la Motte.

Par cette alliance, la famille HUARD DU PLESSIS DE LA MOTTE se trouve l'héritière des noms, titre et armes des anciens Barons DE SAINT JULIEN.

Armes : *de sable, semé de billettes d'or, au lion du même brochant.* — Couronne : *de Baron.* — Supports: *deux ours bridés et portant des bannières sur lesquelles est écrit le cri de guerre :* SAINT JULIAN. — Cimier : *un pégase.*

DU CHASTEL DE LA HOWARDRIES

Ancienne maison issue des seigneurs d'Ayshove en Flandres qui doivent avoir été de la maison de Gavre ; son premier auteur connu fut Eustache DU CHASTEL, Chevalier, seigneur de Vaux, bienfaiteur de l'abbaye de Saint-Amand en Pevele, en 1264.

Elle a possédé les fiefs de Vaux, Aix-en-Pevele, Bruyelles, Howardries, Haubourdin, Emmerin, Neuvireuil, Auberbus, Cavrines, Linselles, Blaton, Boussoit, Strépy, Braquegny, Mouveaux, Velvain, Wattinette, la Croix à Bondues, Lannoy à Hollain, etc.

Alliances : Saint-Simon, Ostrevant, Marchenelles, Avroult, Croy-Rœulx, Louvignies, Cuinghien, Hainaut, Mortagne, la Fléchère, Saint-Genois, Clugny, Coudenhove, Lannoy, Roblès, Croix, Ostrel, Rodoan, Wavrin, de Draeck, Vaernewyck, Roggendorf, Marnix, de Sainte-Aldegonde.

Elle a fourni entre autres personnages marquants :

Pierre DU CHASTEL, Évêque d'Orléans, grand Aumônier de France ; Jacques DU CHASTEL, dit Howard, Chevalier, tué à Ypres en 1379 ; François DU CHASTEL, Vicomte d'Emmerin, tué à Fleurus en 1622.

Représentants actuels :

1° Le Comte Robert DU CHASTEL, chef de la famille, réside à Hollain-lez-Tournay. Il a trois frères, dont deux mariés.

2° Le Comte Edouard DU CHASTEL, à Montignies-sur-Roc (Hainaut).

3° Le Comte Armand DU CHASTEL, à Kain (Hainaut).

4° Le Comte Paul DU CHASTEL, à Kain (Hainaut), marié en 1872 avec Catherine MONTURY DE CHATEAU-VIEUX.

5° Le Comte Henri DU CHASTEL, à Wez-Velvain (Hainaut).

6° Le Comte Camille DU CHASTEL, à Bruxelles (Belgique).

9° Le Comte Charles DU CHASTEL DE LA HOWARDRIES, Lieutenant-général, Grand'Croix de l'Ordre de Léopold, à Gand (Belgique).

8° Le Comte Louis DU CHASTEL, ancien Ambassadeur des Pays-Bas près de Sa Sainteté le pape Pie IX.

9° Le Comte Ferdinand DU CHASTEL (à Kessel-loo, lez-Louvain), né à Lille, le 4 janvier 1793.

Armes : *de gueules, au Lion d'or, armé, lampassé et couronné d'azur.* Couronne à *cinq fleurons.* — Cimier : *une aigle issante éployée d'or.* — Supports : *deux Lions de l'écu, la tête contournée.* — Devise : *Porte en soi honneur et foi.* — Cri : *Maclines.*

8

DE CLERVAUX

Maison d'ancienne chevalerie du Poitou, qui tire son nom de la terre de Clervaux, au Diocèse de Poitiers, et qui paraît être issue d'un cadet de la maison des Comtes de Champagne, Geoffroy de Clervaux et de Saint-Léonard, fils d'Herbert IV, Seigneur de Duretal, d'Arnay, de Clervaux et d'Agnès de Mathefelon, en 1115. Geoffroy DE CLERVAUX, en 1160, épousa Avoile DE CHAMPAGNE dont il eut : Hubert DE CLERVAUX, en 1190.

Elle a fourni les trois branches des Seigneurs de la Houmelière, de Vanzay, et de Châteauneuf.

Cette dernière est représentée par le Comte Jules DE CLERVAUX, né en 1816, résidant à Saintes.

Armes : *de gueules, à la croix pattée et alesée de vair.*

MORLOT DE WENGI

Ancienne famille du Duché de Bourgogne issue au XVe siècle de l'ancienne maison de MORELET ou MORELOT des sires de Bettancourt. — Elle s'est divisée en plusieurs branches, dont une est allée s'installer en Lorraine, puis en Suisse. — Guillaume MORLET, Chevalier, accompagna Hugues, duc de Bourgogne, à la croisade du roi Saint-Louis, en 1248.

Jean MORELET était maître d'hôtel ordinaire du Duc Charles le Téméraire, en 1440, et Capitaine châtelain de Brazey. Son frère cadet, Jacob, appelé MORELOT, pour se distinguer de son aîné, adopta cette manière d'ortographier son nom que ses descendants ont toujours continué de porter. — Nicolas MORELOT était Procureur général au Parlement de Bourgogne, en 1576. — Claude MORELOT, Chevalier Capitaine-châtelain de Brazey, défendit Saint-Jean de Losne, en 1636, contre l'armée impériale commandée par le Duc de Lorraine. — François MORELOT, *aliàs* MORLOT, était Trésorier de l'Epargne du roi, à Conflans-en-Barrois, en 1541 ; son fils, Jean MORLOT, reçut des lettres de confirmation de noblesse du Duc de Lorraine, le 22 septembre 1585. Il est l'auteur de la seule branche encore existante de nos jours et qui a fourni plusieurs Bannerets du canton de Berne, des Membres du Conseil souverain, des Baillis et Sénateurs, etc.

David Morlot, seigneur de Bavois, d'Offenburg, Président du Conseil des guerres des Provinces unies des Pays-Bas, était Gouverneur d'Arnhem, dans la province de Gueldres, en 1610.

Albert-Alcibiade-Frédéric Morlot de Wengi, né à Dijon, en 1797, entra à l'école militaire en 1815; sous-Lieutenant de cavalerie en 1818, il fit les campagnes d'Espagne en 1823 et de Grèce en 1827; assista au siége d'Anvers en 1832; combattit en Afrique, où il devint Commandant supérieur du cercle de Bougie, de 1810 à 1853; et fit partie comme Colonel de l'Etat-Major de l'expédition de Crimée, de 1854 à 1856.

Il était Commandeur de la Légion d'honneur, Officier des Ordres de Léopold de Belgique et du Sauveur de Grèce, de Saint-Joseph de Toscane, Chevalier de Saint-Ferdinand d'Espagne, et du Nicham-Iftichar de Tunis, etc.

Marié en 1831, il eut plusieurs enfants, et mourut en 1857, laissant pour fils :

Ulric-Napoléon Morlot de Wengi chef actuel de nom et d'armes de cette ancienne famille, né le 21 juin 1835, qui est actuellement Capitaine d'Infanterie et Chevalier de la Légion d'honneur.

Armes : *d'azur, à une fasce ondée et alesée d'or, chargée d'une tête de maure de sable, tortillée d'argent.* — Couronne: *de Comte.* — Supports : *deux aigles.*

DU BARRY DE MERVAL

Les du Barry ont été Ducs de Rombies, Comtes du Barry en France; Comtes de Barry-More, Vicomtes de Buttevent, Seigneurs d'Oléthan et de Castellan, en Angleterre et en Irlande.

Cette noble famille est originaire d'Angleterre et fait remonter sa filiation à l'année 1066, c'est-à-dire à la conquête de l'Angleterre par Guillaume le Conquérant,

Elle n'a cessé depuis ces temps reculés de se distinguer par les hautes fonctions qu'elle remplissait et par les brillantes alliances qu'elle a contractées.

Dès l'an 1278, l'aîné de la famille eut un siége au parlement sous le titre de Vicomte de Buttevent, plus tard sous le nom de Lord d'Oléthan et, depuis 1621, avec le titre de Comte de Barry-More.

Cette maison a projeté une de ses branches en France, où deux de ses membres suivirent Jacques II en 1688; les rejetons de cette dernière branche prirent du service dans nos armées, y obtinrent des grades supérieurs et signalèrent, dans toutes les occasions, leur dévouement pour la patrie adoptive.

Elle a fourni un Lieutenant-Colonel du régiment de Berwick-Irlandais, mentionné dans l'État de la France de 1693, un Capitaine du régiment de Rosen en 1697, un Conseiller du Roi, Lieutenant-général de la Fère-en-Tardenois, et deux Contrôleurs généraux des domaines du Roi dans la province du Hainaut.

Jean-Félix Comte DU BARRY DE MERVAL, reçu Chevalier de Malte en 1815, créé Duc de Rombies par le Roi de Naples en 1858, a épousé le 5 Décembre 1830, demoiselle Henriette-Marie-Mélanie de ROMEUF, fille du général Jacques-Alexandre Baron de Romeuf, Chevalier de Saint-Louis, Commandeur de la Légion d'honneur etc., et d'Antoinette-Françoise-Mélanie GOSSELIN DE SAINCT-MÈME, dont il a eu le fils qui suit :

Alexandre-François-Robert Comte DU BARRY DE MERVAL, Duc de Rombies, né le 4 novembre 1845.

Armes : *d'azur, à deux bandes d'or, accompagnées en chef d'une étoile d'argent.* — Supports : *deux taureaux.* — Couronne : *de Duc.* — Devise : *Boutez en avant.*

DESCHAMPS DE COURGY

La famille DESCHAMPS, Baron de COURGY, puis Chably, originaire d'Auxerre, en Bourgogne, est aujourd'hui représentée par :

M. le Baron DE COURGY, père, demeurant à Corvol-Dampbernard (Nièvre), et M. DE COURGY, fils, habitant Saint-Lier (Loiret).

M. DE COURGY DE VIZEAU, grand oncle, émigré.

Armes : *d'azur, à trois chardons fleuris d'or, feuillés et tigés de même, posés 2 et 1.*

DE GRAND

Famille originaire de Champagne dont l'origine remonte à François DE GRAND, Écuyer, Seigneur de Briaucourt, Rocourt et Suzennecourt.

Alliances : de Hault, de Gondrecourt, Monginot, Lenet, Malingre, Penet, Huez, etc.

Armes : *d'azur, à la fasce d'or, accompagnée de trois étoiles du même.* — Devise : *Sans vertu rien de grand.*

DELAVAU DE TREFFORT

Cette famille est originaire du Poitou où elle est connue depuis trois siècles. Elle a fait enregistrer ses armoiries à l'Armorial officiel de 1696; et sa noblesse a été confirmée par lettres patentes du roi Louis XVIII, en 1816.

Pierre DELAVAU DE TREFFORT, Écuyer, était officier de la Duchesse d'Orléans en 1719. Il épousa Anne DE BEAUPOU, dont il eut Pierre et Hippolyte DELAVAU DE TREFFORT DE LA MASSARDIÈRE; tous deux Conseillers du Roi en la sénéchaussée de Châtellerault, puis Maires de cette ville, de 1762 à 1791.

Hippolyte DELAVAU DE TREFFORT DE LA MASSARDIÈRE, fait sous-Lieutenant dans les Gardes de la porte du Roi, et Lieutenant dans la Garde royale, en 1831; le Roi Louis-Philippe le nomma Capitaine au 35ᵐᵉ de Ligne et lui donna la croix de la Légion d'honneur.

Eugène DELAVAU DE TREFFORT DE LA MASSARDIÈRE, Conseiller-général et Maire de Châtellerault, était Chevalier de la Légion d'honneur et Membre de la Société des Antiquaires de l'Ouest.

Chef de la branche aînée : Albert DELAVAU DE TREFFORT DE LA MASSARDIÈRE.

Chefs de la branche cadette : Hippolyte DELAVAU et Gaston DELAVAU.

Armes : d'azur, au chevron d'or, accompagné de deux étoiles d'argent en tête, au cerf passant aussi d'argent, appuyé sur une étoile de même ; casque de Chevalier orné de ses lambrequins. — Devise : *Mon devoir et mon droit.*

RABY DE LA LANDE

Famille d'Auvergne répandue dans le Bourbonnais, dont une branche cadette connue sous les noms de RABY DU MOREAU, passa à Saint-Domingue, et fit ses preuves de noblesse devant le Conseil supérieur de la Colonie.

Bernard RABY, Écuyer, figure dans une montre d'hommes d'armes de 1551. (Titre original.)

Jean RABY, Écuyer, est mentionné dans une charte originale de 1570.

Ses armes sont enregistrées à l'*Armorial général* de 1696, au registre de la généralité de Bourbonnais.

Chef actuel : Charles RABY DE LA LANDE, résidant au château de la Lande, près Vallon en Sully (Allier.)

COURTOT DE CISSEY

Originaire de la ville de Beaune, cette famille a pour auteur Guillaume Courtot, Président de la Chambre des Comptes de Dijon, sous Philippe-le-Bon, Duc de Bourgogne (1467). De lui étaient issus Joseph Courtot, Seigneur DE Cissey, près Sémur en Auxois, Conseiller en la Chambre des Comptes de Bourgogne en 1756, et Bernard-Dominique Courtot de Cissey, Seigneur de Boulland, qui eut pour fils M. Courtot de Cissey, Chef de Bataillon au 6ᵉ Régiment d'Infanterie de la Garde royale, Chevalier de Saint-Louis et Officier de la Légion d'honneur (1830), père de Ernest-Louis-Gustave Courtot de Cissey, Ministre de la guerre, et de Alfred-Vincent Courtot de Cissey, ancien Colonel du 79ᵉ de Ligne.

Alliances : Alixant, Bodin de Vedel, de Grival, de Miscault, Rigodit, de la Salle, etc,

Armes : *de gueules, à la licorne d'argent.*

DE BOISTEL

La famille LE Boistel ou de Boistel est l'une des plus anciennes et des plus marquantes de l'Ile de France.

Elle posséda la vicomté d'Ambrics dans le Soissonnais, et les fiefs de la Borde, de Roche, de Brezy, de Chantignonville, de Launay, d'Écury, de Messemi, etc.

Elle a fourni un Archevêque en 1374, un grand nombre de Conseillers d'État et du Parlement, des Officiers de tous grades, un Gouverneur de Dunkerque, des Mestres de camp, plusieurs Chevaliers de Saint-Louis et de la Légion d'honneur.

Divisée en plusieurs branches, la seule subsistante de nos jours a pour représentant : M. Émile-Auguste-Henri-Edmond de Boistel, né en 1835, Capitaine d'Infanterie, lequel a épousé en 1874 Mademoiselle Paule Fabre de Latude, fille du Comte Fabre de Latude ;

Et son frère Édouard-Charles-Ferdinand de Boistel.

Armes : *d'azur, à la bande d'argent chargée de trois merlettes de sable, accostée de deux lions d'or, armés et lampassés de gueules.* — Supports : *deux lions.* — Couronne : *de Vicomte.*

DE LADOUCETTE

Famille originaire de Metz dont la noblesse remonte à Jean-François DE LADOUCETTE, né à Nancy en 1772, ancien Préfet, Chevalier de l'Empire par lettres patentes du 3 mai 1809, puis Baron ; Député de 1834 à 1848, mort le 19 mars 1848.

Il a laissé de nombreux ouvrages sur l'agriculture, l'industrie et des travaux littéraires très estimés.

Son fils, le Baron Charles DE LADOUCETTE a été Député au Corps législatif et Sénateur du second Empire.

Armes: *Coupé au 1, d'azur, à la montagne d'or senestrée d'un soleil levant du même ; au 2 d'or, au coq chantant de sable, barbé et membré de gueules.*

FORGEMOL
DU COUDER ET DE BEAUQUENARD

Famille originaire de la Marche anoblie par le roi Louis XV en la personne de François FORGEMOL DU COUDER, par lettres patentes données à Versailles en mars 1775 et élevée au titre de Vicomte en 1825.

Représentants de la branche aînée DE BEAUQUENARD :

1° Jean-Jacques-Hector FORGEMOL DE BEAUQUENARD, Docteur-Médecin, Conseiller d'arrondissement à Tournan, (Seine-et-Marne), marié à Louise-Élisabeth BOVÉ, dont 4 enfants ;

2° et son frère Léonard FORGEMOL DE BEAUQUENARD, Général de brigade, Secrétaire du Conseil supérieur de la guerre, marié à sa cousine Laure-Jeanne-Ursule, dont 3 enfants.

Représentant de la branche cadette :

Armand-Antoine FORGEMOL DE BEAUQUENARD, Receveur des Contributions, à Angoulême, et ses frères et sœurs.

ALLIANCES : de Moras, Bétholaud du Drut, de Tixières de Bois-Bertrand, Chopy de Lebet, de Puifferrat.

HONNEURS : de nombreux officiers dans les Gardes du corps, dans la Marine, et de nos jours un Général de brigade, Chevalier de Saint-Louis et de la Légion d'honneur.

Armes : *d'azur, à la face d'argent, chargée de deux molettes d'éperon de gueules, et accompagnée en pointe d'un vol d'argent, les extrémités touchant la face.*

DE BARDY DE FOURTOU

Famille parlementaire du Toulousain. Jacques DE BARDY, reçu Conseiller au Parlement de Toulouse, en 1738, *(Almanach historique de la ville de Toulouse pour 1782, page 119)*, fut élu membre de l'Académie des Jeux-floraux, l'année suivante. Son fils, Jean-Jacques-Gaston DE BARDY, lui succéda dans sa charge de Conseiller. M. DE BARDY, Seigneur de Laussegur, comparut à l'Assemblée de la noblesse de la sénéchaussée de Toulouse tenue le 27 mars 1789.

M. DE FOURTOU était Procureur du roi à Ribérac sous la Restauration. On doit à M. DE BARDY, Conseiller honoraire à la Cour de Poitiers, plusieurs ouvrages d'érudition.

BOUNIOL DE TRÉMONT

Famille très-ancienne d'Auvergne remontant à Jean BOUNIOL., Bourgeois de Riom en 1328, (charte originale) et qui a fourni un Prévôt de Brioude, en 1330. Jacques DE BOUNIOL, Seigneur de Benezat, demeurant à Issoire, en 1604, était fils de Jacques DE BOUNIOL, Écuyer, marié en 1576 avec Jeanne DU PRAT, de la maison du Chancelier.

Hugues DE BOUNIOL DE TRÉMONT, Garde du corps du Roi en 1814, fut Chef d'escadron et Chevalier de Saint-Louis.

Chef actuel : M. BOUNIOL DE TRÉMONT, receveur des domaines.

Armes : *d'azur, au chevron d'or, surmonté de trois étoiles d'argent, rangées en chef, et accompagné en pointe d'un orle de sinople terrassé.* — Couronne : *de Comte.*

GALLUPPI

Maison très-distinguée de la noblesse d'Italie.

Chef actuel : Le Baron Giuseppe GALLUPPI, Chevalier de l'Ordre de Saint-Jean de Jérusalem (Malte).

Armes : *d'azur, à un chevron d'or, accompagné de 3 étoiles du même,* — Couronne : *de Baron.* — Cimier : *une tête et col de cheval d'argent.*

BERNOU DE LA BERNARIE
ET DE ROCHETAILLÉE

Famille du Dauphiné dont la noblesse remonte au siècle dernier.

Elle a possédé aussi la terre de Saint-Maurice en Valgomar près Saint-Firmin, laquelle est passée à la maison de Bernis par le mariage d'un cadet avec Mademoiselle DE SAINT-MAURICE, fille de M. de Saint-Maurice et d'Adèle de Boys.

Elle a possédé la terre de Rochetaillée, laquelle avait donné son nom aussi à une célèbre famille de Roanne, dont était sorti le cardinal DE ROCHETAILLÉE.

Elle a pour chef actuel :

Le Baron Vital DE ROCHETAILLÉE, résidant au château de Nantes (Drôme).

Armes : *d'argent, au chevron d'azur, accompagné de trois molettes de sable, au chef de gueules, chargé de trois étoiles d'or.*

TABLE

DES

NOTICES ET NOMS DE FAMILLES

CONTENUS DANS CE VOLUME.

	Pages		Pages
Acquet	91	Arly (d')	5
Adamson	105	Arnaud	2
Agnette (d')	22	Arnaud d'Andilly	5
Agoult (d')	72	Arnault	81
Agout	97	Ars (BREMOND D')	1
Aigoin de Montredon	54	ARTIGUES (D')	46
Albignac (d')	54	Arudy (d')	22
Albis de Gissac (d')	80	Asques (d')	21
Alixant	118	Assigny (d')	12
Allamanon	97	Astanières (d')	54
Allegrin (d')	110	Atton	54
Alphonse (d')	112	Aubel	66
Amerval (d')	90	Aubespine (de L')	105
Amilly (d')	110	AUDREN DE KERDREL	93
Andlau (d')	92	Aulnay (d')	53
Argerville (d')	48	Aurussac (d')	79
Anlezy (d')	110	Auvers (d')	40
ANSELME (D')	67	AVRIL DE BUREY	27
Archibald (d')	90	Avroult	113
Arlay (d')	33	Aymini (d')	23

	Pages		Pages
Ayrolles (d').	39	BERNARIE ET DE ROCHETAILLÉE	
Azars (des)	2	(BERNOU DE LA)	121
Azincourt (d')	62	Bernot de Charant	49
		BERNOU DE LA BERNARIE ET DE	
		ROCHETAILLÉE	121
Baderon-Thezan (de)	2	Berthezene (de)	38
Badier (de)	72	Bertout d'Hautecloque (de)	61
Baillard	100	Bessey (de)	26
Baillet-Latour (de)	69	Betholaud du Drut	119
Baleuse (de)	22	Bethune (de)	5
BALEIX (DE)	22	Bezons (de)	30
BARDOULAT DE LA SALVANIE	4	Bicquilley	83
BARDY DE FORTOU (DE)	12	BIERDUMFEL (DE)	24
BARGHON (DE)	29	Bierre (du)	81
Barras	97	Biest (du)	28
BARRE (DE MANGEON DE LA)	50	Bigars (de)	16
Barrot	30	Bigot de Baulon (de)	2
BARRY DE MERVAL (DU)	115	BILHEM (JOSSON DE)	84
Barthelemy	56	Blacas	97
Baschi	97	Blacas-Carros (de)	7
Bassano (de)	69	BLANQUET DE CHAYLA (DE)	53
Baud	108	Blondel (de)	13
BAUDE (DE)	44	Bodin	95
Baunwarth (de)	51	Bodin de Vedel	118
Baux	97	Boëssière (de la)	93
Beaujeu (de)	53	Bogoiska	99
Beaume (de la)	33	Bois (du)	105
Beaupoil	109	Boisadam (de)	95
Beaupoil (de)	117	Bois de Boisrobert (du)	80
Beauregard (de)	98	Boisberthelot (du)	48
Beauvert (de)	34	BOISFLEURY (POTIRON DE)	96
BÉGUE DE GERMINY (LE)	73	BOISSEROLLE (DE)	54
Belgaric (de)	51	BOISTEL (DE)	118
Belli de Roaix (de)	7	BOLOGNE (CAPISUCCHI DE)	62
Bellouan d'Avaugour (de)	100	Bonald (de)	38, 54, 111
BENAZET	68	Bonninicre de Beaumont (de la)	70
Benoit de la Prunarède	75	Bossac (de)	79
BEON (DE)	64	Bossuges (de)	55
Bérard des Gravelles (de)	80	Bot du Grégo (du)	48
Berenger	5	Botreau	30
Bermondet de Cromières (de)	3	Bouchard (de)	7

	Pages		Pages
Bouchard	84	Cartigny (de)	28
Boucher de Montuel.	37	Cases (de Las)	31
Boullay (du).	5	Cassagne (de)	43
Bouniol de Tremont.	10	Cassaigne de St-Laurent (de la),	103
Bouquin de la Souche	43	Casse (du)	63
Bourdot	81	Cassel (de)	13
Bousquet (de)	102	Castanié.	64
Boussaud	96	Castellane	97
Boutillier du Terrail	41	Catalan de la Sarra	71
Bouttemont (Regnault de).	88	Caumont de Beauvila.	26
Bozonier de l'Espinasse	69	Caupenne (de)	31
Brancas	97	Cavalier.	112
Bremond d'Ars (de)	1	Cazo (de).	69
Brémont (de)	79	Cercy.	62
Breteuil (de)	31	Cerisay (de).	105
Brianceaux de Milleville.	55	Chabannes (de).	4, 105
Briey (de)	73	Chabans (de)	9
Briffe (de la)	75, 76	Chabot (de)	25
Brischard	53	Chabrignac (de Geoffre de).	79
Brosse (Guillet de la)	47	Chabrinhac (de)	4
Brosse (de)	98, 99	Chabron de Solihac (de).	30
Broyes (de)	48	Chambrun (Pineton de)	108
Buisson de Douzon (du)	72	Chamillart de la Suze.	98
Burcourt (de)	28	Chamisso (de)	73
Burey (Avril de)	27	Champagne (de)	111
Busseaud	84	Champeaux (de)	72
Bussy de Saint-Romain	24	Champlicux (de)	23
Buziau	21	Chanaleilles (de)	31
		Chapelle (Salomon de la)	77
		Charil.	96
Cabarieu (Mila de)	26	Charnacé (de)	71
Calmels (de).	80	Chassaigne	58
Cambefort (de).	39	Chastel de la Howardries (du),	113
Cambeil (de).	86	Chatelain.	89
Camus de Pontcarré.	75	Chaume (Grimaud de).	18
Capdevieille (de)	22	Chaumel (de)	39
Campsucchi de Bologne	62	Chauveau de Kernaeret.	70
Caracciolo	26	Chauvenet (de).	61
Cardon (de)	80	Chayla (de Blanquet de)	53
Carles (de)	35, 83	Chazelles (de)	39
Carmejane (de).	7	Chenu	110

	Pages			Pages
Cherville (de)	48	Courtot de Cissey		118
Chesnel de Pilleuse	40	Coustant d'Yauville		23
Chevré de Bois-Couellan	80	Craye (Gondier de)		77
Chilly (de)	28	Crémont (Margerin de)		28
Chonet	4	Creswil		105
Chopy de Lebet	119	Crevant (de)		25
Choquel (du)	13	Croix (Jallan de la)		83
Cissey (Courtot de)	118	Croix		113
Clerissy de Remoulès (de)	98	Croix-Rœulx		113
Clervaux (de)	111	Cugnac		97
Close	111	Cuinghien		113
Closières (Joret des)	30	Cumont (de)		91
Closmadeuc (de)	2			
Clugny	113			
Coetlosquet (du)	107	Dacre (de)		105
Coëtquen (de)	95,110	Dammartin (de)		35
Cœuret de Saint Georges	30	Danjac (de)		39
Collemont (de)	90	Darricau		87
Collin de Gevaudan	72	Daudé d'Alzon		54
Colliot de la Hattais	72	Daviaud de Langlade		25
Comminges (de)	12	Daymier		102
Compagnon de Thezac	2	Decazes		109
Condé (de)	66	Delavau de Treffort		117
Coquille de Champfleury	80	Delhom-Baschie		86
Coras (de)	35	Delpech de Frayssinet		111
Cordière (de la)	71	Delugat		87
Corday du Renouard	29	Deschamps de Courgy		116
Cornesse (de)	71	Devès		56
Correch (de)	35	Dietrichstein (de)		73
Cosnac (de)	4, 79	Digoine		53
Colignon	53	Dorigny		28
Cottin (de)	28	Dorlodot (de)		101
Cotty	87	Dornier		34
Coudenhove (de)	73,113	Doullé		21
Couder (Forgemol du)	119	Douzon de Villes		64
Coudray (du)	24	Draeck (de)		113
Coudray (Rabuan du)	80	Druon		28
Cour (de la)	55	Dumorisson		2
Cour de Moncamp (de la)	54	Dupuy-Desillets		85
Courgy (Deschamps de)	116	Durand		33, 107
Court (de)	75			

	Pages		Pages
Elie de Beaumont	5, 107	Forgemol du Couder et de Beauquenard	119
Eschaus (d')	34	Foullé (de)	53
Epinasse (Bozonier de l')	69	Fouques (de)	87
Espinassy (d')	75	Fourtou (de Bardy de)	12
Espouy de Saint-Paul (d')	110	Fradin de Bellabre	66
Essarts (des)	30	Fougy (de)	69
Estaing (d')	5	Fraissinet	112
Estoupan de Laval (d')	6	Franchessins (de)	73
Etchegaray	63	Frayssinet (de)	46
Etigny (Mégret d')	108	Frayssinet (Delpech de)	111
Eveillé du Fournay (l')	53	Fresne (du)	48
		Fretoy (du)	53
Fabre de Latude	118	Frize de Batz	102
Fabri	108	Froc de Geninville	81
Falguerolles (de)	35	Fanshawe	105
Fattnall de Resina	101		
Faud (du)	50		
Favin-Lévêque	93	Gaddeblé de Lauretan	14
Favre de Longry	72	Gaillard	101
Fayard (de)	9	Gaillard de la Touche	66
Fécamp (de)	23	Gaillon (de)	12
Feron (le)	81	Galluppi	112
Ferrebouc (de)	102	Gard (du)	61
Ferrière (la)	53	Garde	57
Ferron du Chesne	80	Gardette (Renaud de la)	51
Ficquelmont (de)	51	Garrisson d'Estillac	26
Fiennes (de)	39	Gaudin	103
File (de la)	103	Gaultier de Rontaunay	52
Fitzwalter (de)	105	Gaussen	70
Fléchère (la)	113	Gauteron (de)	80
Flo de Branho (le)	48	Gavarret (de)	35
Foix	07	Gay de Vernon (de)	93
Folard (de)	7	Gellinard (de)	25
Font	57	Genestet de Planhol	45
Fontaine (de Mottet de la)	23	Genestet de Planhol	80
Fontaines (de)	90	Geninville (Froc de)	81
Fontenelles (de)	71	Geoffre de Chabrignac (de)	79
Forbin	97	Gerard	39
Forbin d'Oppède (de)	98	Gerbier de Crezelles	66
Forestier (le)	34	Geris (de)	9

	Pages		Pages
Germiny (Le Bègue de) . . .	73	Guillard de Blairville. . . .	13
Gervais (de).	35	Guillaumanche (de) . . .	33
Gévaudan (Collin de) . . .	72	Guillet de la Brosse	47
Girard de la Chaise (de). . .	61	Guitton de Maulevrier . . .	25
Giraud	56	Guilluy de la Brique d'or . .	13
Gironde (de).	83	Guiot du Repaire	26
Givors (de)	12	Guitard de la Borie (de) . . .	2
Glandevez	97	Guyomart de Préaude r . .	6
Golleville (Pinel de) . . .	76	Guyot du Puget	72
Gondier de Craye.	77		
Gondràn (de)	85		
Gondrecourt (de)	116	Hainaut	113
Gonnivière de Beuvrigny (de la),	6	Haire de Gevaudun (des) . .	72
Goubaut (le).	51	Halloir (de)	51
Goullard d'Arsay	2	Hamburg	105
Goupil	94	Hannon (de).	13
Gourio	93	Hanus de Saint Eusèbe . .	13
Goussencourt (de). . . .	34	Hardouin	49
Gouy	30	Haulles (des)	16
Gouy (de)	36	Hault (de)	116
Grand (de)	116	Hautefeuille (de)	13
Grandchamp	62	Hay	95
Grange (Trippier de la) . . .	74	Haye (de la)	41
Grangers (de)	108	Haye (de la)	51
Gras (de).	23	Hennequin	78
Grasse	97	Herail de Castelnau d'Yères (d')	35
Grasse du Bar (de)	72	Herbemont (d').	73
Gretz de Mont-Saint-Père (de),	48	Hermansart (Pagart d'). .	13
Grevès (de)	108	Hermel (de L')	60
Grille (de)	23	Herwood	105
Grillot de Poilly	6	Hobacq de Belleterre . . .	13
Grimaldi.	97	Hogers	111
Grival (de)	118	Hogue (de)	24
Grosmenil	40	Hordre (de)	13
Grouches (de)	91	Houssaye (Guérin de la) . .	100
Grue (de la).	94	Howardries (du Chastel de la)	113
Gualy de Saint-Rome (de) . .	80	Hue de Bougy	40
Guekque (de)	13	Huez	116
Guérin de la Houssaye . . .	100	Huillon	84
Gueully	33	Humbert de Tonnoy	40
Guibert (de).	23	Humières (de)	39

	Pages		Pages
Isarn de Villefort (d')	38	LANNOY (PARENT DE)	22
		Lannoy	113
		Lanvallay (de)	95
Jacquinot	85	Laplane de Rouquet	50
Jallan de la Croix	83	LARCY (SAUBERT DE)	103
Jarlé-Mongnento	86	Lardenois (de)	73
JOANNIS (DE)	42	Laris (de)	86
Jobert	5	Lascaris	97
Joly de Bévy	72	Lauretan (de)	13
JONCIÈRES (DE LIÉGE DE)	5	Lauthonnye (de)	4
JORET DES CLOSIÈRES	30	Larival	83
JOSSON DE BILHEM	84	LANNEFRANQUE (DE)	57
		Latour	112
		Lattre-Laurin (de)	13
KERDREL (AUDREN DE)	93	LAVISON (DE RUFZ DE)	87
Kermenou (de)	93	Law de Lauriston	54
KERNAERET (CHAUVEAU DE)	79	Lawes	105
Kernechriou (de)	6	LECOMTE DE NOUY	106
Kernout (du)	68	Lee	105
Kerouartz (de)	93	LEFÉBURE DE SAINT-ILDEPHONT,	85
Kersauson (de)	93	Lefévre	34
Klopstein	83	Lenet	110
		Lenoble	77
		Longlart d'Affringes	13
Labaume (de)	32	Leon (de)	13
Laborde (de)	22	LESCHEVIN DE PRÉVOISIN	32
Labrousse (de)	23	Lesdiguières	97
Lac de Chamerolles (de)	81	Lesquernec (de)	48
LACGER (DE)	35	Levay	100
LACLOTTE (MOUTON DE)	38	LEUVILLE (OLIVER DE LORNCOURT	
Lacy (de)	105	DE)	105
LADOUCETTE (DE)	119	Lichfield (de)	105
LAFFORE (DE BOURROUSSE DE)	19	LIÉGEARD (DE)	87
LAGANE (ROUGIER DE)	24	LIÉGE DE JONCIÈRES (DE)	5
Lagarde (de)	4	Lignac	63
LAMBERTYE (DE)	27	LIGNIVILLE (DE)	73, 82, 83
Lamer	44	Liotard	56
Lamour	96	Liscourt (de)	69
LANDE (RABY DE LA)	117	Lisleferme (de)	28
Langan (de)	80	Loisson de Guinaumont	49
Langle de Beaumanoir	28	Long de la Croisardière (le)	66

	Pages		Pages
Longlay (de).	28	MARGERIN DE CREMONT	28
Longuerue (de).	54	Marnix de Sainte-Aldegonde	113
Lorancourt (de).	105	Martin de Choisey.	85
LORGERIL (DE)	95	Massanne (de)	54
Lorme (de)	101	Massic (de)	67
Lostanges (de)	79	Masson (le)	11
Loup	56	Mathelin (de)	11
Louvignies	113	Maugé (de)	25
Lowenthal (de)	119	Mauléon (de)	18
Luc (de)	87	MAUROY (DE)	81
Lugaudy	26	MAYOL DE LUPÉ	25
LUPÉ (MAYOL DE)	25	MEAUX (DE)	96
Lur-Saluces (de)	2	Mecquenem (de)	83
Luzignan (de)	64	Megaudais (de)	71
Lyle-Taulane (de).	99	MEGRET D'ETIGNY	108
LYON DE ROCHEFORT (DU)	85	Melon de Pradou	39
		Menard (de)	54
		MERCERON	84
Madec (de)	48	Meribel	62
Mahé de la Bourdonnaye	24	Merindol de Vaux (de)	7
Maigné (de)	105	MERITENS (DE)	10
Maigre	109	MERVILLE (DE VOLUNTAT DE).	51
Maillé (de)	94	MERVAL (DU BARRY DE)	115
Maillet (de)	40	Miette de Laubrie (de)	88
Maillier (de)	107	Mila de Cabarieu	26
Mailly (de)	89	MILLARD	62
MAIRE DE LA NEUVILLE (LE)	86	Millet	61
MAIRIE (LE TAVERNIER DE LA),	58	MIMEREL	92
Maisonneuve de Lacoste.	4	MOIDREY (TARDIF DE)	82
MAISONNEUVE (POUGIN DE LA),	49	Miscault (de).	118
Mallart de Roys	67	MOINE (LE)	3
Malingre	116	Mollerat	85
Mallevaud (de)	94	Mollien de Belleterre	13
MANAS (DE)	70	MONCORPS (DE)	12
MANGEON DE LA BARRE (DE)	50	Monet (de)	94
Maniquet (de)	6	Mongen (de)	4
Marandon	49	Monginot	116
MARANSANGE (PETITJEAN DE).	14	Mongis (de)	2
Marchant (de)	66	Monlevade	63
Marchenelles	113	Monneraye (de la)	71
Macorelles (de)	80	Monnier	66

	Pages
Montaigle (de)	51
MONTAIGNAC (DE)	101
Montauban	97
MONTBRUN (DE)	55
Montcrif (de)	53
Montebello (de)	98
MONTÉTY (de)	80
Montferrant (de)	9
MONTFORT (DE)	78
MONTIFAULT (LE MAIRE DE)	17
Montifault (de)	18
MONTIGNY (PITANCIER DE)	66
Montjean (de)	90
Montmejean (de)	39
Montreuil (de)	12
MONTUEL (BOUCHER DE)	37
Monval (de)	99
Morand	105
Moras (de)	119
MORCOURT (PETIST DE)	60
Morel	76
Morel de Bécordes	60
Moreuil (de)	110
MORIN DE LA RIVIÈRE et D'AUVERS	40
Morinière (de la)	48
Morlhon (de)	26
MORLOT DE WENGI	114
Morlot de Wengi (de)	28
MORNAY (DE)	110
Mortagne	113
Motte (de la	23
Motterouge (de la)	100
MOTTET DE LA FONTAINE (DE)	23
Moussaye (de la)	95
MOUTON DE LACLOTTE	38
MULLENHEIM (DE)	92
Muraire	109
Myre (de la)	98
NARCILLLAC (PANDIN DE)	75

	Pages
Naury (de)	22
Nayl	96
Nettancourt (de)	30
Netz (de)	35
NEUVILLE (LE MAIRE DE LA)	86
Noé (de la)	96
Norfolk	105
Nouvel	93
NOUY (LECOMTE DE)	106
Noviant (de)	105
Nuchèzes (de)	53
Oiron (d')	3
OLIVER DE LORNCOURT DE LEUVILLE	105
Omps (d')	39
Onofrio	11
OOSTHOVE (VAN ZELLER D')	15
Oraison	97
Ostrel	113
Ostrevant	113
Padelle (de la)	79
PAGART D'HERMANSART	13
Pageot des Noutières	69
Palice (de la)	6
PANDIN DE NARCILLAC	75
PANETTE (VINCENT DE)	78
Panisse (de)	3
Pardaillan	63
Pardieu (de)	94
PARENT DE LANNOY	22
PASTRÉ	65
Paul de Château-Double	72
Pelissier de Feligonde	13
PELLICOT (de)	72
Penet	110
Penhoadic (de)	93
Perrin (de)	35

	Pages
Perthuis de la Salle . . .	65
Petist de Morcourt	60
Petitjean de Maransange . .	11
Peuty (du)	91
Philipponat (le)	5
Pidoux de la Rochefaton . . .	71
Pillot-Coligny (de)	90
Pinard	62
Pinel de Golleville . . .	76
Pineton de Chambrun . .	108
Pinguet de Suzemont . . .	51
Piquet (de)	93
Pitancier de Montigny	66
Planhol (de Genestet de) . .	45
Pompone (de)	5
Pontalier (de)	25
Pontcarré (Camus de)	75
Pontevez (de)	23, 97
Pontois (le)	41
Pontois (de)	75
Porte (de la)	58
Portes de St-Père (des) . . .	91
Potiron de Boisfleury	96
Pougin de la Maisonneuve . .	49
Pouille (van)	81
Pouilly (de)	73
Poujet	103
Poulpry (do)	71
Préaudet (Guyomart de) . . .	6
Préfontaine (de)	30
Pressac (de)	25
Prévoisin (Leschevin de) . .	32
Prieur (le)	51
Prieur de Roquemont (le) . .	51
Prunarède (de la)	103
Puifferrat (de)	119
Puy-Montbrun (du)	79
Quesnay (du)	16
Quesnay (de)	69

	Pages
Raboin	55
Rabuan du Coudray	80
Raby de la Lande	117
Rambaud (de)	23
Rance (de)	85
Raoulx (de)	23
Rapin du Plaix	11
Rapouel	105
Ratery de Cabarieu	26
Regnard	34
Regnault de Bouttemont . . .	88
Reinty (de Baillardel de la),	15
Rémond (de)	25
Renaud de la Gardette . . .	51
Renouard d'Aumalie	60
Retail (Boutiller du)	41
Revel de Vesc (de)	7
Reverdy (de)	91
Revest (de)	72
Reviers de Mauny	98
Rey	26
Ribas (de)	56
Ribier (de)	90
Rieu (du)	3, 111
Rigal	63
Rigodit	118
Rivière et d'Auvers (Morin de la)	40
Rivière	40
Robert de Saint Vincent . . .	48
Robin de Barbentane (de) . . .	23
Roblès	113
Rocheandry (de la)	25
Rochefort (du Lyon de) . . .	85
Rochefoucauld (la)	63, 97
Rocque de Sevérac (de la) . .	90
Rodellec du Porzic (de) . . .	101
Rodoan	113
Roggendorf	113
Romance (de)	91
Romeuf (de)	116

	Pages		Pages
Rontaunay (Gaultier de)	52	Sambucy (de)	80
Rostaing	97	Sanzillon (de)	11
Rouge (le)	93	Sarra (Catalan de la)	71
Rougier de Lagane	21	Sarrazin (de)	39
Roussel de Bonneterre	30	Sart (de)	90
Roux (de)	103	Sartre de Salis	26
Roux de Campagnac de Lam-		Sartre de Venerand (de)	2
bertie	9	Satgé (de)	88
Roux	77	Saubert de Larcy	103
Rowley	88	Sauvage (de)	12
Roy (Le)	5	Sauvage	85
Roy des Plantes (le)	60	Savart de Montigny	68
Royère (de)	9	Saveuse (de)	110
Rue (de la)	5	Savoie (de)	97
Rufz de Lavison	87	Scourion	90
Russel	23	Selves (de)	39
		Sempé (de)	102
		Senermont (de)	91
Sabran (de)	79	Sensaud de Lavaud	31
Sabran	97	Séquin	108
Sacquespée (de)	91	Séré (de)	37
Saint Brice (de)	2	Serrau (de)	98
Saint Briçon (de)	110	Serres (de)	38
Saint-Germier	35	Serurier	68
Saint Genois	113	Serrurier (le)	28
Saint-Ildefont (Lefébure de)	85	Servières (de)	39
Saint-Jean (de)	88	Seynes (de)	75
Saint Julien (de)	112	Sigier (de)	112
Saint-Nectaire (de)	51	Simard de Pitray	21
St-Paul (d'Espouy)	110	Simiane	97
Saint-Pé (de)	102	Siry (de)	33
Saint-Pern (de)	95	Solages (de)	80
Saint-Priest (de)	4	Solminihac (de)	23
Saint-Simon	113	Souche (Bouquin de la)	43
Salle (de la)	5, 118	Solminihac (de)	48
Salle (Perthuis de la)	65	Soult	110
Salle du Doux (de)	39	Sparkes	88
Salleton (de)	9	Sudre (de)	4
Salomon de la Chapelle	77	Suffolk (de)	105
Saluces (de)	73	Suffren (de)	98
Salvanie (Bardoulat de la)	4	Suremaiu de Flamerans	72

	Pages		Pages
Tachoire (de)	87	Val de Beaumontel (du) . . .	16
Talon (de)	89	Valfons de la Calmette (de) . .	52
TARDIF DE MOIDREY	82	Valleton (de)	26
Tassin de Moncourt . . .	89	Valori (de)	94
Taunton	105	Valsamachi	112
Tauzia du Litterie (de) . . .	36	Vandamne	61
TAVERNIER DE LA MAIRIE (de) .	58	Varennes (de)	39
Teissier (de)	95	Vassinhac (de)	73
Terrisson (de)	102	Vastey	109
Terray de Morel-Vindé . .	75	Vaudichon de l'Isle (de) . .	30
Terson de Palleville (de) . .	35	Vendôme (de)	110
Tesson (de)	95	Venne (de la)	53
Teyssier (de)	4	Verne (du)	13, 53
Thezan (de)	17	Verne de Maraney (du) . .	13
THÉSY (WITASSE DE) . . .	89	VERNON (DE GAY DE) . .	93
Tillac (de)	91	Veyre (de)	39
Tison d'Argence	25	Vicomte (le)	101
Tixières de Bois-Bertrand (de) .	119	Vidauld des Loubières . .	66
Tocqueville (de)	40	Villedon (de)	66
Toulouse-Lautrec (de) . . .	35	Vienot de Vaublanc . .	49
Toulouse-Lautrec (de) . . .	89	Vigier de Campan . . .	89
Trancavel	51	VIGNAUX (DE)	38
TRANS FLAYOSC (DE VILLENEUVE		Villeneuve (de)	97
DE)	97	Villeneuve-Busson . . .	63
Travers	31	VILLEROY	11
TREFFORT (DELAVAU DE) . .	117	Vincens (de)	4
Tremouilles (de)	71	VINCENT DE PANETTE . .	78
TRÉMONT (BOUNIOL DE) . .	120	Vintimille	97
Trémoulet (de)	4	Virel (de)	48
TRIPPIER DE LA GRANGE . .	71	Viton (de)	83
Tuleu	105	Vivens de Ladoux (de) . .	51
Turner	105	Vivonne (de)	94
		VOLUNTAT DE MERVILLE (DE) .	54
		Voulx (de)	109
Ubelesky	31		
ULMES (DES)	53		
Urbain	83	Wall	88
		Waren (de)	23
		Waters (de)	96
Vaernewyck	113	Waubert de Genlis . . .	28
Vaillant (de)	5	Wavrin	113

	Pages		Pages
Wendel (de)	107	Y (d')	90
Wengi (Morlot de)	114	Ysart (d')	35
Witasse de Thésy	89		
		Zeller d'Oosthove (van)	51
Ximenès	93		

Amiens. — Imprimerie H. YVERT, rue des Trois-Cailloux, 64.

www.ingramcontent.com/pod-product-compliance
Lightning Source LLC
Chambersburg PA
CBHW052208270326
41931CB00011B/2269